古抄本群書治要二種

金澤文庫本

群書治要

圖版

六

〔唐〕魏徵 等撰 江曦 校理 潘銘基 解題

上海古籍出版社

本册目録

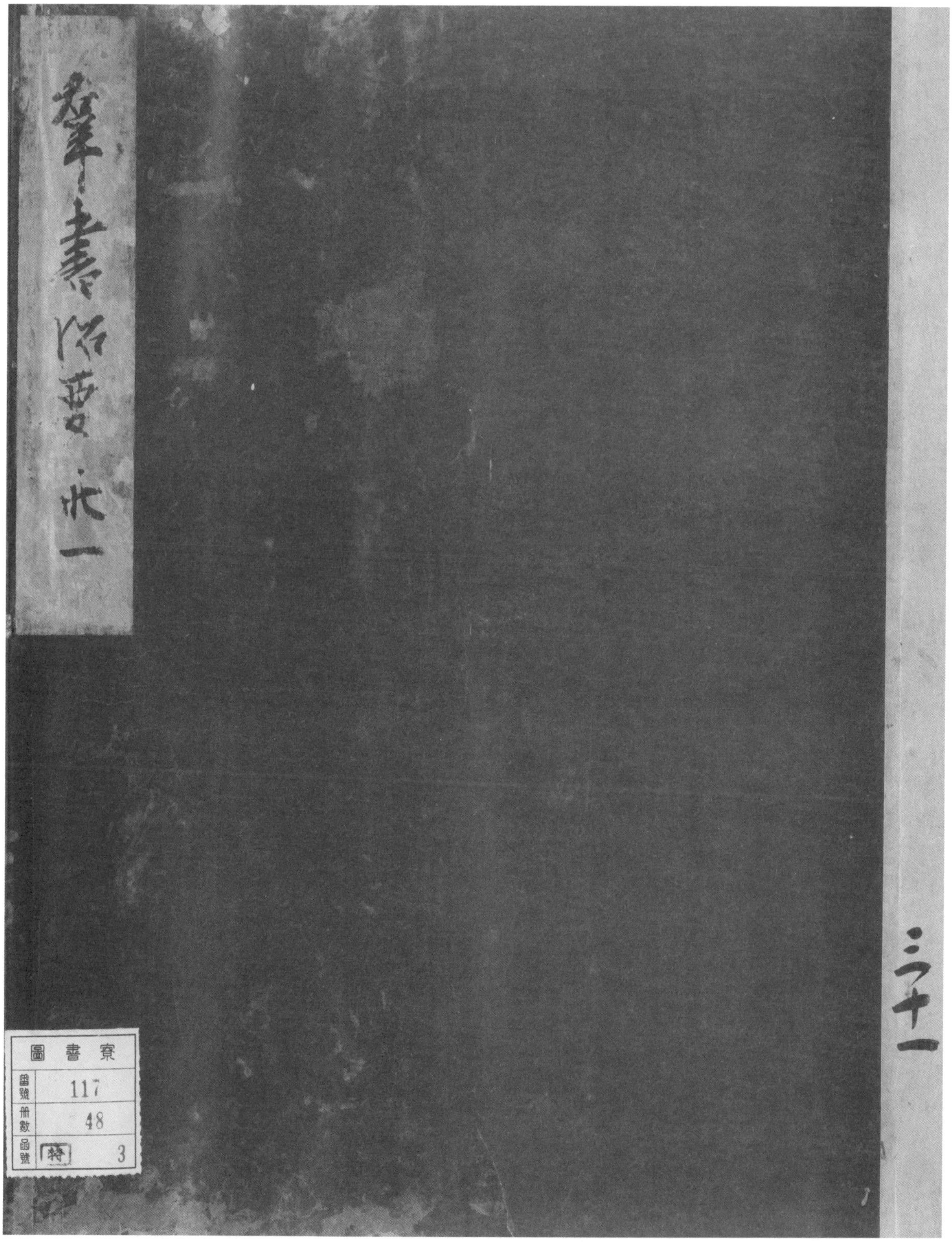
羣書治要 卅一
三十一
圖書寮
番號 117
冊數 48
函號 特 3

群書治要卷第卅一　秘書監鉅鹿男臣魏徵等奉　勅撰

六韜　陰謀　鬻子

六韜序　（大公六韜六巻周文王師姜望撰也）　太公

文王田乎渭之陽見太公坐茅而釣問

之曰子樂得魚耶太公曰夫釣以求得

也其情深可以觀大矣文王曰願聞其

情太公曰夫魚食餌乃牽於緡人食

於祿乃服於君故以餌取魚可殺以

【第一紙】

六韜第一曰維文王卜田史編爲卜曰田于渭之陽將大得焉非熊非羆非虎非豹兆得
王侯天遺汝師以之佐昌施及三王大吉文王曰兆致是乎史編曰編之大祖爲史
爲禹卜田得皋陶兆比於此文王乃齋三日乘田車駕田馬田于渭陽卒見呂尚坐茅以
漁文王勞而問之曰子樂漁邪呂尚曰臣聞君子樂得其志小人樂得其事今吾漁
其有似殆非樂之也文王曰何謂其有似也呂尚曰釣有三權等以權祿等以權官
等以權國

三十一

於禄乃服於君故以餌取魚可殺以
禄取人人可竭以家取國國可拔以
國取天下天下可畢也天下者非一
人之天下天下之天下也與天下同
利者澤得天下擅天下之利者失天
下天有時地有時能与人共之者仁
也仁之所在天下歸之免人之死解
人之難救人之患濟人之急者德也
德之所在天下歸之与人同憂同樂

餌下有　芳餌之下有懸魚也

【第二紙】

德之所在天下歸之與人同憂同樂
同好同惡者義之所在天下歸之凡
人惡死而樂生好得而歸利能生利
史記貨殖傳曰天下熙熙皆爲利來天下壤壤皆爲利往
者道也道之所在天下歸之
文韜
文王問太公曰天下一亂一治其所以
然者何天時變化當自有之乎
太公曰君不肖則國危而民亂君
風俗通云聖者聲耳也言聞聲
賢聖則國家安而天下治禍福在君

賢聖則國家安而天下治禍福在君
不在天時文王曰古之賢君可得聞乎
太公曰昔帝堯上世之所謂賢君也
堯王天下之時金銀珠玉弗服錦繡
文綺弗衣奇恠異物弗視玩好之器
弗寶淫泆之樂弗聽宮垣室屋弗
堊茅茨之蓋不剪衣履不弊盡不更
為滋味重累不食不以私曲之故留
耕種之時削心約志從事乎无為其
風俗通云聖者聲也言聞聲知情故曰聖
甍桷茅茨不翦大禹卑其宮室

【第三紙】

耕種之時削心約志従事乎无為其
自奉也甚薄役賦甚寡故萬民富樂而
無飢寒之色百姓戴其君如日月視其君
如父母文王曰大哉賢君之徳矣文王
問太公願聞為國之道太公曰愛民
文王曰愛民
奈何太公曰利而勿害成而勿敗生而
勿殺与而勿奪樂而勿苦喜而勿怒
文王曰奈何太公何太公曰民不失其所務
則利之也農不失其時業則成之也

則利之也農不失其時業則成之也
省刑罰則生之也薄賦斂則与之也
無多宮臺池則樂之也吏清不苛則喜
之也民失其務則害之也農失其時則
敗之也无罪而罰則殺之也重賦斂則
奪之也多營宮室遊觀以疲民則苦之
也吏為苛擾則怒之也故善為國者
御民如父母之愛子如兄之慈弟也見
之飢寒則為之哀見之勞苦則為之

之飢寒則為之哀見之勞苦則為之
悲文王曰善哉
文王問於太公曰賢君治國何如對曰
賢君之治國其政平吏不苛其賦斂
節其自奉薄不以私善害公法賞賜不
加於無功刑罰不施於無罪不因喜以
賞不因怒以誅害民者有罪進賢舉
過者有賞後宮不荒女謁不聽上無淫
慝下無陰害不供宮室以費財不多遊

【第四紙】

遥下無陰害不供宮室以費財不多遊觀臺池以罷民不雕文刻鏤以逞耳目官無腐蠹之藏國无流餓之民國也

文王曰善哉

文王問師尚父曰王人者何上何取何去何禁何止尚父曰上賢下不肖取誠信去詐偽禁暴乱止奢侈故王人者有六賊七害六賊者一曰大作宮殿臺池遊觀淫樂哥舞傷王者徳二曰不事

遊觀淫樂哥舞傷王者德二曰不事
農桑作業作勢遊使犯歷法禁不從
吏教傷王之威三曰結連朋黨比周為權
以蔽賢智傷王者治四曰抗智高節以
為氣勢傷吏威五曰輕爵位賤有司羞
為上犯難傷功臣六曰宗強侵奪淩侮貧
弱敬傷庶民矣七害者一曰无智略大謀而
以重賞尊爵之故強勇輕戰僥倖於外後漢書曰光武使吳漢令弁士智不慶危以僥倖注僥猶求也
王者慎勿使將二曰有名而无用出入異

王者慎勿使將二日有名而无用出入異
言揚美掩惡進退為功王者慎莫与謀
三日朴其身躬惡其衣服語无為以求名
言无欲以求得此偽人也王者慎勿進四
日慎文辯辭高行論議而非時俗此姦
人也王者慎勿寵五日果敢輕死苟以貪
得尊爵重祿不圖大事待利而動王

【第五紙】

者慎勿使六日為雕文刻鏤技巧華飾以
傷農事王者必禁之七日為方技咒詛

【第四紙】

76

六韜曰四曰奇其衣帯偉其冠服博聞辯(辭)高行論議以容美窮居靜處而誹時
俗此奸人也王者慎勿寵

【第六紙】

吏不平潔愛人非吾吏

已上九字本書有之但汁本无之

傷農事王者必禁之七日爲方技呪詛
作蠱道鬼神不驗之物不祥訛言欺詐良
民王者必禁之故民不盡其力非吾民
士不誠信而巧僞非吾士臣不忠諫非吾臣
吏不平潔愛人非吾吏宰相不能富國強兵
調和陰陽以安萬乘之主簡練群臣定名
實明賞罰令百姓富樂非吾宰相也故
王人之道如龍之首高居而遠望徐視而審
聽神其形散其精若天之高不可極若

聽神其形骸其精若天之高不可極若
川之深不可測也文王問太公曰君務擧
賢而不獲其功世亂愈甚以致危亡者何
也太公曰擧賢而不用是有擧賢之名
也无得賢之也文王曰其失安在太公曰其
失在好用世俗之所譽不得其真賢文
王曰好用世俗之所擧者何也太公曰好聽
世俗之所譽者或以非賢為賢或以非智
為智或以非忠為忠或以非信為信君

【第七紙】

為智或以非忠為忠或以非信為信君
以世俗之所譽者為賢以世俗之所毀
者為不肖則多黨者進少黨者退是以群
耶比周而蔽賢忠臣死於无罪耶臣虛譽（以 本有）
以取爵位是以世亂愈甚故其國不免於
危亡
文王曰舉賢柰何太公曰將相分職而君
以官舉人案名察實選才考能令能當
名々得其實則得賢人之道文王曰善哉

名〻得其實則得賢人之道文王曰善哉
文王問太公曰願聞治國之所貴太公曰貴
法令之必行〻〻則治道通〻則民太利〻〻則君
德彰矣君不法天地而隨世俗之所善以
為法故令出必亂〻則復更為法是以法令
數變則群邪成俗而君沉於世是以國不
免危亡矣
文王問太公曰願聞為國之大失太公曰為
國之大失作而不法〻國君不悟是為大失

【第八紙】

國之大失作而不法〻國君不悟是為大失
文王曰願聞不法〻國君不悟太公曰不法〻
則令不行令不行則主威傷不法〻則邪不
止邪不止則禍乱起矣不法〻則刑妄行刑
妄行則賞无功不法〻則國昏乱國昏乱
則臣為變不法〻則水旱發水旱發則
萬民病君不悟則兵〻革〻起〻則失天下
也文王問太公曰人主動作擧事善悪有禍
殃之應鬼神之福无太公曰有之主動作擧

【第八紙】

118

兵革

史記楚人鮫革犀兕所以爲甲堅如金石　謂堅革利兵也

兵革者金革也金兵刀也革甲也

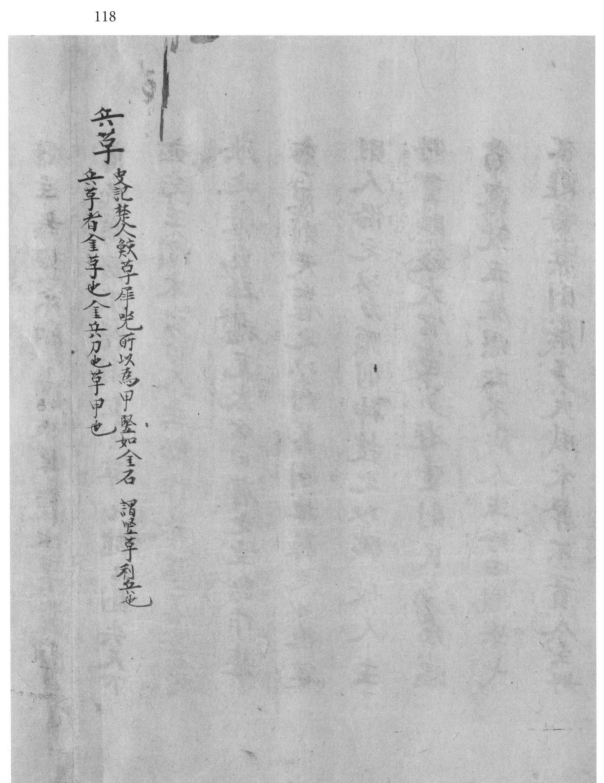

殃之應鬼神之福无太公曰有之主動作舉事惡則天應之以刑善則地應之以德逆則人備之以力順則神授之以職故人主好重賦斂大宮室多遊臺則民多病溫霜露殺五穀絲麻不成人主好田獵畢弋不避時禁則歲多大風禾穀不實人主好破壞名山壅塞大川決通名水則歲多大水傷民五穀不滋人主好武事兵革不息則日月薄蝕太白失行故人主動作舉事善

日月薄蝕太白失行故人主動作舉事善
則天應之以德惡則人備之以力神棄之以職
如嚮之應聲如影之隨刑文王曰誠哉
文王問太公曰君國主民其所以失之者何
也太公曰不慎所與也人君有六守三寶
六守者一曰仁二曰義三曰忠四曰信五曰
勇六曰謀是謂六守文王曰慎擇此六者奈
何太公曰富之而觀其无犯貴之而觀其
无驕付之而觀其无轉使之而觀其无隱

无驕付之而觀其无轉使之而觀其无隱危之而觀其无恐事之而觀其无窮富之而不犯者仁也貴之而不驕者義也付之而不轉者忠也使之而不隱者信也危之而不恐者勇也事之而不窮者謀也人君慎此六者以為君用君无以三寶借人以三寶借人則君將失其威大農大工大商謂之三寶六守長則國昌三寶完則國安文王問太公曰先聖之道可得聞乎太公曰

王問太公曰先聖之道可得聞乎太公曰
義勝欲則從欲勝義則凶敬勝怠則吉
怠勝敬則滅故義勝怠者王怠勝
敬者亡武
王問太公曰桀紂之時獨无忠臣良士乎
太公曰忠臣良士天地之所生何為无有
武王曰為人臣而令其主殘亡為後世咲
可謂忠臣良士乎太公曰是諫者不必聽賢
者不必用武王曰諫不聽是不忠賢而不用

【第十紙】

者不以用武王曰諫不聽是不忠賢而不用是不賢也太公曰不然諫有六不聽強諫有四以亡賢者有七不用武王曰願聞六不聽四以亡七不用太公曰主好作宮室臺池諫者不聽主好忿怒忌妄誅殺人諫者不聽主好所愛无功德而富貴者諫者不聽主好財利巧奪萬民諫者不聽主好珍奇恠異物諫者不聽是謂六不聽四以亡一曰強諫不可上以亡二曰強諫知而不肯用

強諫不可止然臣二日強諫知而不肯用
然臣三日以直正強臣衆邪然臣四以直
強正衆曲然臣七不用一日主弱親強賢者
不用二日主不明正者少邪者衆賢者不
言賊臣在外奸臣在内賢者不用
用四日法政阿宗族賢者不用五日以欺
為忠賢者不用六日忠諫者死賢者不用
貨財上流賢者不用武王伐殷得二丈夫
而問之日殷之將亡亦有妖乎其一人對
日有殷國嘗雨血雨灰雨石小者如椎大者

椎也 直追反 柊揆也

本書曰人日殷國有

大妖四十七章式三同四十七章妖對曰

日有殷國胥雨血雨灰雨石小者如推大者

如箕六月雨雪深尺餘其一人日是非

國之大妖也君喜以人餧虎喜割人心喜

殺孕婦喜殺人之父孤人之子喜奪喜誣

本書曰以君子為下以小人為上以傷奪為相以女子為政急令暴取萬民愁苦無所安定

以信為欺欺者為真以忠為不忠忠諫者

死阿諫者賞以君子為下急令暴取好

本書曰好田獵畢弋走狗試馬出入遊往風甚雨皆宮居宮脩池臺日夜無已

田獵出入不時喜治宮室脩臺池日夜無已

本書曰大宮七十三所大宮百里宮中九市

喜為酒池肉林糟丘而牛飲者三千飲人

無長幼之序貴賤之礼喜聽讒用譽無

【第十一紙】

無長幼之序貴賤之礼喜聽讒用挙無
功者賞无徳者富厚愛専制而擅令無
禮義無忠信無聖人無賢士無法度無
斗斛無尺丈無權衡此殷國之大殃也

武韜

文王在酆召太公曰商王罪殺不辜汝尚
助余憂民今我何如太公曰王其脩身
下賢惠民以觀天道天道無殃不可以先
倡人道無灾不可以先謀必見天殃又見人

冒人道無灾不可以先謀必見天殃又見人
灾乃可以謀与民同利同利相救同情相
成同惡相助同好相趣無甲兵而勝無
衝機而攻無渠壍而守利人者天下啓
之害人者天下閉之天下非一人之天下
也取天下若逐野獸得之而天下皆
有分肉若同舟而濟天下皆同其利舟
敗天下皆同其害然則皆有啓之無有
閉之矣無取於民者取民者也無取於

【第十二紙】

聞之矣無取於民者取民者也無取於

國者也無取於天下者取天下者也取

民者民利之取國者國利之取天下

者天下利之故道在不可見事在不

（漢書曰鷙鳥之累百不若一鶚 鶚謂鷙鳥擊雁鶚隼之類）

可聞勝在不可知微哉微哉鷙鳥將

擊卑飛斂翼猛獸將擊俛耳俯伏聖

人將動必有過色唯文唯德誰爲之惑

弗觀弗視安知其極今被殷商衆口相

惑吾觀其野草茅勝穀吾觀其群衆

惑吾觀其野草茀勝穀吾觀其羣衆
曲勝直吾觀其吏暴虐殘賊敗法乱刑而
上下不覚此亡國之時也夫上好貨羣臣
好得而賢者逃伏其乱至矣太公曰天
下之人如流水鄣之則止啓之則行動之
則濁靜之則清嗚乎神哉聖人見其所
始則知其所終矣文王曰靜之柰何太
公曰夫天有常形民有常生與天下共
其生而天下靜矣

【第十三紙】

其生而天下静矣
文王在岐周召太公曰爭權於天下者何先
太公曰先人〻与地稱則萬物備矣今君
之位尊矣待天下之賢士勿臣而友之則
君以得天下矣文王曰吾地小而民寡將
何以得之太公曰可天下有地賢者得之
天下有粟賢者食之天下有民賢者
收之天下者非一人之天下也莫常有
之唯賢者取之夫以賢而為人下何人

【第十四紙】

之唯賢者取之夫以賢而為人下何人
不與以貴從人曲直何人不得屈一人之
下則申萬人之上者唯聖人而後能為
之文王曰善請著之金板於是文王所
就而見者六人所求而見者七十人所举
而友者千人
天下孝經曰普天之下莫非王土
述議云天下國家列言之意天子王有四海普天之下莫非王土故以天下為稱
文王曰何如而可以為天下太公對曰大
蓋天下然後能容天下信蓋天下然後
可約天下仁蓋天下然後可以求天下

可約天下仁蓋天下然後可以求天下
恩蓋天下然後王天下接蓋天下然後
可以不失天下事而不疑然後天下恃
此六者備然後可以為天下政故利天下
者天下啓之害天下者天下閉之生天
下者天下德之殺天下者天下賊之窮
徹天下者天下通之窮天下者天下仇之安
天下者天下恃之危天下者天下災
之天下者非一人之天下唯有道者得
天下也

天下 慎子曰古者立天子而貴之非以利一人曰天下無一貴則理无不通通之理以為天下也

文子曰懷文武者事之時也剛柔者…事也

【第十五紙】

天下也

武王問太公曰論將之道奈何太公曰將

有五才十過所謂五才者勇智仁信忠也

勇則不可犯智則不可亂仁則愛人信

則不欺人忠則無二心所謂十過者將有

勇而輕死者有急而心速者有貪而

好利者有仁而不忍於人者有智而心怯者

有信而喜信於人者有廉潔而不愛民

者有智而心緩者有對毅而自用者有

者有智而心緩者有對毅而自用者有
懦心而喜用人者有勇而輕死者可暴也急而
心速者可久也貪而喜利者可遺也仁
而不忍於人者可勞也智而心怯者可
窘也信而喜信於人者可誑也廉潔而愛
人者可侮也智而心緩者可襲也對毅而自
用者可事也懦心而喜用人者可欺也故
兵者國之大器存亡之事命在於將也
先王之所重故置將不可不審察也武

先王之所重故置將不可不審察也武
王問太公曰王者舉兵欲簡練英雄知士
之高下爲之奈何太公曰知之有八徵一
曰微察問之以觀其辭二曰窮之以辭以
觀其變三曰與之閒謀以觀其誠四曰明
白顯問以觀其德五曰遠使以財以觀其
貪六曰試之以色以觀其貞七曰告之以
難以觀其勇八曰醉之以酒以觀其態八
徵皆備則賢不肖別矣

【第十六紙】

擬皆倫則賢不肖別矣

龍韜

武王曰士高下豈有差乎太公曰有九差
武王曰願聞之太公曰人才參差大小猶斗
不以盛石滿則棄矣非其人而使之安
得不殆多言多語惡口惡舌終日言惡寢
臥不絕為衆所憎為人所疾此可使要
問閭里察姦伺猾權數好事夜臥早
起雖遽不悔此妻子將也先語察事實

趍雖遷不悔此妻子將也先語察事實
長希言賦物平均此十人之將也切〻截
〻不用諫言數行刑戮不避親戚此百人
之將也訟辯好勝疾賊侵陵斥人以刑
欲正一衆此千人之將也外貌咋〻言語切
〻欲人飢飽習人劇易此萬人之將也戰
〻慄〻日慎一日近賢進謀使人以節言語
不慢忠心誠必此十萬之將也溫良實長
用心无兩見賢進之行法不枉此百萬之

用心无兩見賢進之行法不枉此百萬之
將也動之於陳國皆聞其入居處百姓
所親誠信緣大明於領世能敎成事又
能救敗上知天文下知地理四海之內皆如
妻子此英雄之率乃天下之王也
武王問太公曰立將之道奈何太公曰凡國

【第十七紙】

有難君居正殿名將而詔之曰社稷安危一
在將軍將軍受命乃宿於太廟擇日
授斧鉞君入廟西面而立將軍入北面

操斧鉞君入廟西南而立将軍入北面
立君親操鉞持其首受其柄曰従此以往
上至於天将軍制之乃復操柄授与其刃
曰従此以下至於泉将軍制之既受命曰
民聞治國不可従外治軍不可従中御二
心不可以事君疑志不可以應敵臣既受命
專斧鉞之威臣不敢還請願君亦垂一言
之命於臣君不許臣不敢将君許之乃辭
而行軍中之事不可聞君命皆由将軍

而行軍中之事不可聞君命皆由將軍
出將臨敵決戰无有二心若此无天於上
无地於下无敵於前无主於後是故智
者為之慮勇者為之鬬氣厲青雲疾若
馳騖兵不接刃而敵降服武王問太公曰將
何以為威何以為明何以為審何以為禁
止而令行太公曰以誅大為威以賞小為明
以罰審為禁止而令行故殺一人而三軍振
者殺之殺一人而萬人慄者殺之殺一人而千

【第十八紙】

者殺之殺一人而萬人慄者殺之殺一人而千
萬人恐者殺之故殺貴大賞貴小殺及貴重
當路之臣是刑上極也賞及牛馬廝養是
賞下通也刑上極賞下通是威將之所行也
夫殺一人而三軍不聞殺一人而萬民不知
殺一人而千万人不恐雖多殺之其將不重
封一人而三軍不悅爵一人而萬人不勸
賞一人万人不欲是為賞无功貴无能也若此
則三軍不為使是失衆之衆之紀也

則三軍不為使是失衆之衆之紀也
武王問太公曰吾欲令三軍之衆親其將
如父母攻城爭先登野戰爭先赴聞金聲

金鼓 後漢書曰鉦鼓之聲…
鉦鼓
漢書云
鉦鼓之教 集議曰周礼以鉦鼓為士卒進退止作之節也

而怒聞鼓音而喜為之奈何太公曰將有
三礼冬日不服裘夏日不操扇天雨不張
蓋幕名曰三礼也將身不服礼无以知士
卒之寒暑出隘塞犯泥塗將必下歩名
曰力將將身不服力无以知士卒之勞苦
士卒軍皆定次將乃就舍炊者皆熟將乃

【第十九紙】

士卒車皆定次將乃就舍炊者皆熟將乃
就食軍不舉火將亦不火食名曰止欲將
不身服止欲无以知士卒之飢飽故上將与

白虎通曰天子有三軍何法天地人周礼万二千五百人為軍

士卒共寒暑共飢飽勤苦故三軍之衆聞
鼓音而喜聞金聲而怒矣高城深池矢
石繁下爭先登白刃始合士爭先赴非好
死而樂傷為其將念其寒苦之極知其
飢飽之審而見其勞苦之明也
武王問太公曰攻伐之道奈何太公曰資

武王問太公曰攻伐之道奈何太公曰資
因敵家之動變生於兩陣之間奇正傳
於無窮之原故至事不語用兵不言其
事之成者其言不足聽兵之用者其狀不足
見倏然而往忽然而来能獨轉而不制者也
善戰者不待張軍善除患者理其未
生善勝敵者勝於無形上戰無与戰矣故
争於白刃之前者非良将也備已失之
後者非上聖也智与衆同非人師也伎

後者非上聖也智与衆同非人師也伎
与衆同非國工也事莫大於必成用莫大
於必成用莫貴於玄默動莫神於不意
勝莫大於不識夫必勝者先弱敵而後戰
者也故事半而功自倍兵之害猶豫最
大兵之災莫大於狐疑善者見利不失遇
時不疑失利後時反受其災善者從而
不釋巧者一決而不猶豫故疾雷不及掩
耳卒電不及瞑目赴之若驚用之若狂

【第二十紙】

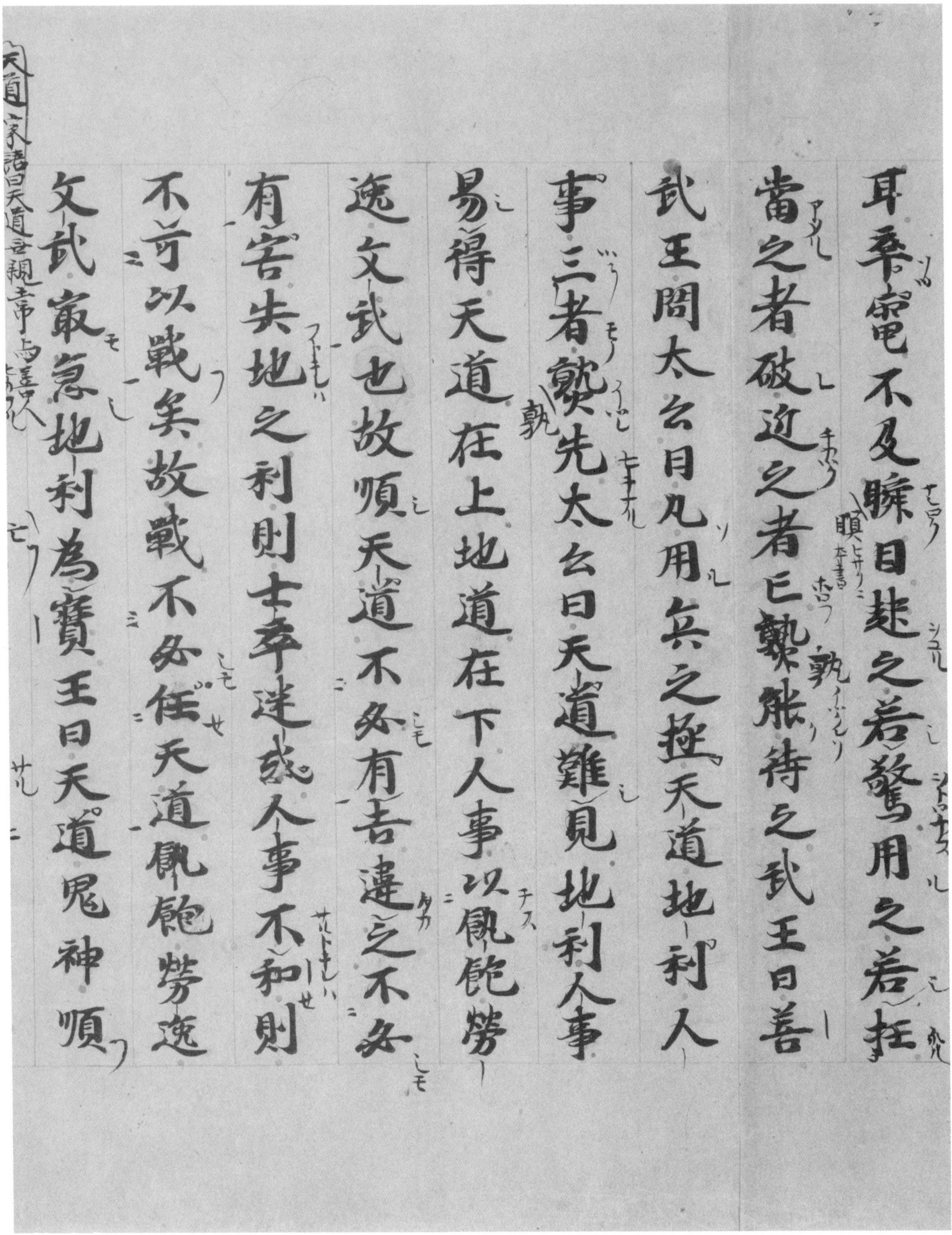

耳迅電不及瞑目赴之若驚用之若狂
當之者破近之者亡孰能待之武王曰善
武王問太公曰凡用兵之極天道地利人
事三者孰先太公曰天道難見地利人事
易得天道在上地道在下人事以飢飽勞
逸文武也故順天道不必有吉違之不必
有害失地之利則士卒迷惑人事不和則
不可以戰矣故戰不必任天道飢飽勞逸
文武最急地利為寶王曰天道鬼神順

文武寂寞地利為寶王曰天道鬼神順之者存逆之者也何以獨不貴天道太公曰此聖人之所生也欲以止後世故作為譎書而寄勝於天道無益於兵勝而衆將所拘者九王曰敢問九者柰何太公曰法令不行而任侵誅無德厚而用日月之數不順敵之強弱幸於天道无智慮而候氣少勇力而望天福不知地形而歸過敵人怯弗敢擊而待龜筮士卒不募而

【第二十一紙】

敵人怯弗敢擊而待龜筮士卒不募而
法鬼神設伏不巧而任背向之道凡夫
道鬼神視之不見聽之不聞索之不得
不可以治勝敗不能制死生故明將不法也
太公曰天下有粟聖人食之天下有民聖
人收之天下有物聖人裁之利天下者取
天下安天下者有天下愛天下者久天
下仁天下者化天下

虎韜

【第二十二紙】

虎韜

武王勝殷召太公問曰今殷民不安其處奈何使天下安乎太公曰夫民之所利譬之如冬日之陽夏日之陰冬日之從陽夏日之從陰不召自來故生民之道先定其所利而民自至民有三幾不可數動之有爲明賞則不足不足則民怨生明罰則民懾畏民懾畏則變故出明察則民擾民擾則不安其處易以成變故明王之民不

【第二十三紙】

擾則不安其處易以成變故明王之民不
知所好不知所惡不知所從不知所去使民
各安其所生而天下靜矣樂哉聖人
与天下之人皆安樂也武王曰為之奈何太
公曰聖人守無窮之府用無窮之財而天下
鄉之仰之而天下治矣神農之禁春夏之
所生不傷不害謹脩地利以成萬物無
奪民之所利而農順其時矣任賢使
能而官有材而賢者歸之矣故賞在於成民

【第二十四紙】

能而官有材而賢者歸之矣故賞在於成民
之生罰在於使人無罪是以賞罰施民矣
下化矣

犬韜

武王至殷將戰紂之卒握炭流湯者
十八人以牛為禮以朝者三千人舉百石
重沙者廿四人趍行五百里而矯矛殺百步
之外者五千人介士億有八萬武王懼曰夫
天下以紂為大以周為細以紂為衆以周為

天下以紂為大以周為細以紂為衆以周為
寡以周為弱紂為強以周為危以紂為安
以周為諸侯以紂為天子今日之事以諸侯
擊天子以細擊大以少擊多以弱擊強
以危擊安以此五短擊此五長其可以濟
功成事乎太公曰審天子不可擊審大
不可擊審衆不可擊審強不可擊審
安不可擊王大恐以懼太公曰王无恐且
懼所謂大者盡得天下之民所謂衆者

【第二十五紙】

【第二十六紙】

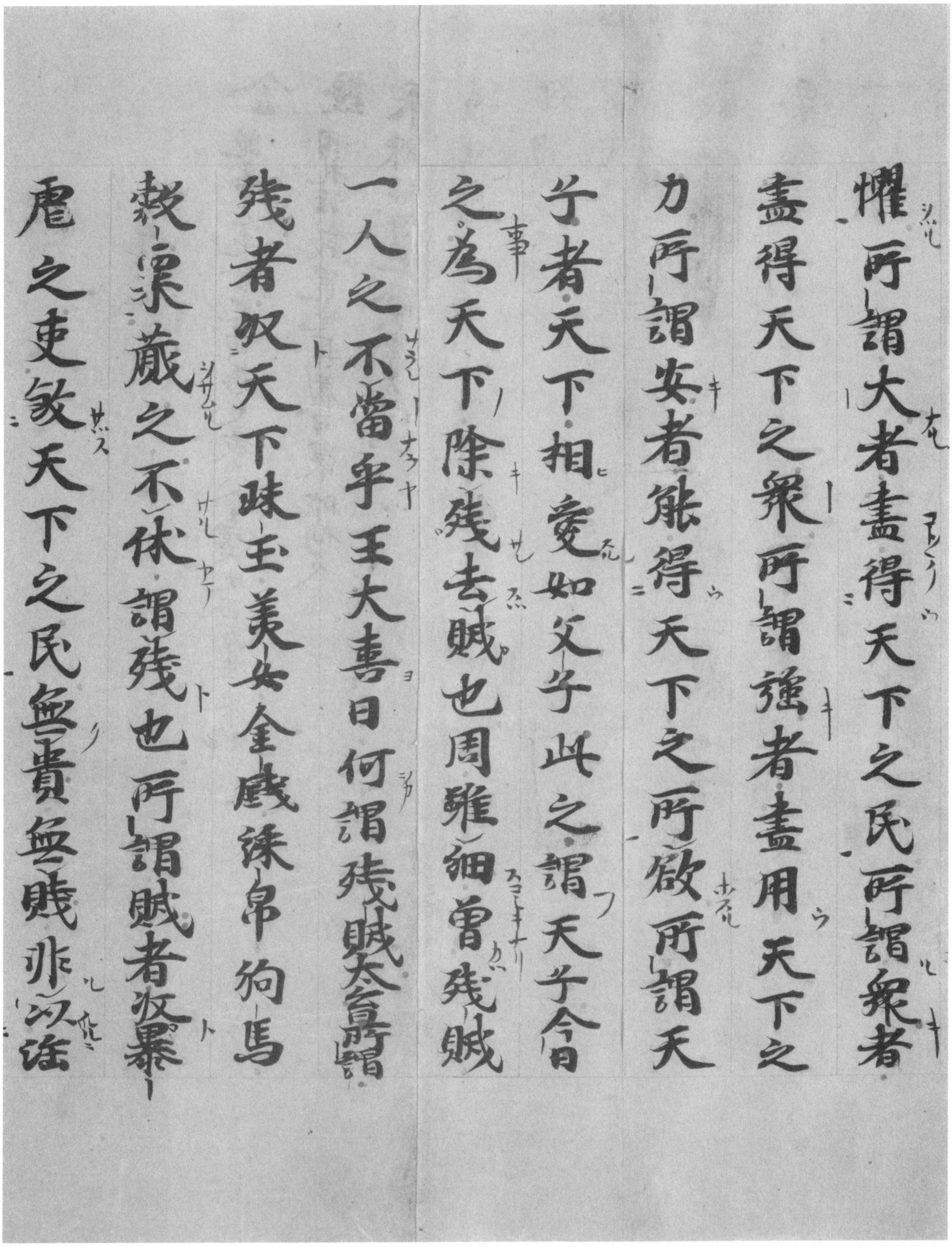
懼所謂大者盡得天下之民所謂衆者
盡得天下之衆所謂強者盡用天下之
力所謂安者能得天下之所欲所謂天
子者天下相愛如父子此之謂天子今
之為天下除殘去賊也周雖細曾殘賊
一人之不當乎王大喜曰何謂殘賊太公曰所謂
殘者收天下珠玉美女金錢綵帛狗馬
穀粟藏之不休謂殘也所謂賊者收暴
虐之吏殺天下之民無貴無賤非以法

【第二十六紙】　　【第二十五紙】

398 397 396 395 394 393

金　説文曰五色金也黄爲之長久金寶也西方生氣也

錢　周礼注錢泉也其藏曰泉　昨仙反

絲　絲綫絲也　食章反

帛　帛幣帛也尚書大傳曰天子脩五玉三帛

狗　狗犬也古厚反

馬　武也象頭髦尾四足之形尚書中候曰稷爲大司馬〻〻馬武也有
諫議大夫乘馬

穀　五〻此〻紐〻禄也善也説文曰續也百穀之總名

粟　李也淮南子昔倉頡作書而天雨粟　相玉反

虐之吏殺天下之民無貴無賤非以法
度此謂賊也
武王問太公曰欲与兵深謀進必斬敵退
必克全其略云何太公曰主以礼使將以
忠受命國有難君召將而詔曰見其虛則
進見其實則避勿以三軍為貴而輕敵
勿以授命為重而苟進勿以貴而賤人勿以
獨見而違衆勿以辯士為必然勿以謀簡
於人勿以謀後於人士未坐勿坐士未食勿

於人勿以謀後於人士未坐勿坐未食勿
食寒暑必同敵可勝也陰謀 大公陰謀卅六甲法丟 士下十
武王問太公曰賢君治國教民其法何如太
公對曰賢君治國不以私害公賞不加於无
功罰不加於无罪法不廢於仇讎不避於 （罸）
所愛不因怒以誅不因喜以賞不高臺深
池以役下不雕文刻畫以害農不極耳目
之欲以亂政此是賢君之治國也不好生
而好殺不好殺不好殺不好成而好敗不好利

【第二十七紙】

而好斂不好斂不好斂不好斂不好成而好敗殺
而好害不與而好奪不好賞而好罰妄拏
為政使內外相疑君臣不和拓人田宅以為
臺觀發人丘墓以為苑囿僕媵衣文繡
禽獸犬馬與人同食而暮萬民糟糠不
厭裘褐不完其上不知而重斂奪民財
物藏之府庫賢人逃隱於山林小人任大
職無功而爵無德而貴專恣倡樂男女昏
亂不恤萬民違陰陽之氣忠諫不聽信

亂不恤萬民違陰陽之氣忠諫不聽信
用邪佞此亡國之君治國也
武王問太公曰吾欲輕罰而重威少其賞而
觀善多簡其令而衆皆化爲之何如太公
曰殺一人千人懼者殺之殺二人而万人懼
者殺之殺三人三軍振者殺之賞一人而千人
喜者賞之賞二人而万人喜者賞之賞三令
軍喜者賞之令一人千人得者令之禁二
人而萬人正者禁之殺三人而三軍正者殺

【第二十八紙】

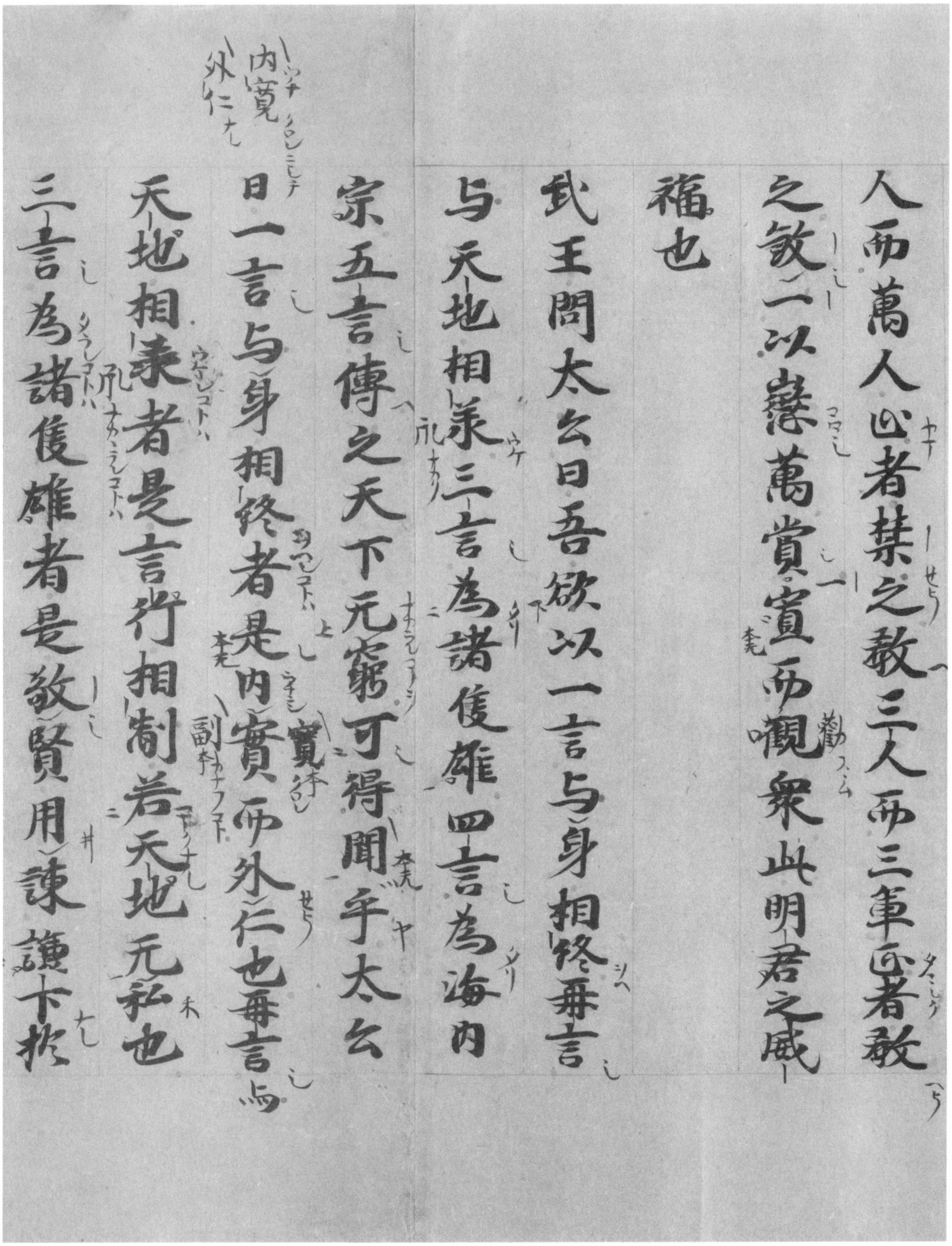
人而萬人恐者禁之殺三人而三軍恐者殺
之殺一以懲萬賞賞而觀衆此明君之威
福也
武王問太公曰吾欲以一言与身相終再言
与天地相来三言為諸侯雄四言為海内
宗五言傳之天下无窮可得聞乎太公
日一言与身相終者是内實而外仁也再言与
天地相来者是言行相制若天地无私也
三言為諸侯雄者是敬賢用諫讓下於

三言為諸侯雄者是敬賢用諫譲下於
士也四言為海内宗者敬接不肖无貧富无
貴賤无善悪无憎愛也五言傳之天下无
窮者通於否泰順時容養也
武王問尚父曰五帝之戒可聞乎尚父曰
黄帝之時戒曰吾之居民上也揺々恐夕
不至朝堯之居民上振々如臨深川舜之
居民上兢々如履薄氷禹之居民上慄々
恐不満日湯之居民上戰々恐不見旦王

〻咎不滿曰傷之居民上戰〻咎〻不見且王
曰寡人今新并殷居民上翼〻懼不敢怠
鬻子　周文王師鬻熊撰也
君子不與人之謀則已矣若與人謀之則
非道無由也故君子之謀能必用道而不能
必見受也能必忠而不能必入也能必信
而不能必見信也君子非仁者不出之於辭
而施之於行故非〻者行是而惡〻者行
善而道諭矣文王問於鬻子曰敢問人

【第二十九紙】

善而道諭矣文王問於鬻子曰敢問人
有大忌乎對曰有文王曰敢問大忌奈何
鬻子對曰大忌知身之惡而不改也以問
其身乃喪其軀有行如此之謂大忌也
昔之帝王其所為明者以其吏也昔之
君子其所以為功者以其民也力生於民
而功最於吏福歸於君
民者至庫也而使之取吏焉必取所愛故
十人愛之則十人之吏也百人愛之則百人

十人愛之則十人之吏也百人愛之則百人之吏也千人愛之則千人之吏也萬人愛之則萬人愛之則萬民之吏也周公曰吾聞之於政也知善不行者謂之狂知惡不改則謂之惑夫狂与惑者聖王之戒也不肖者不自謂不肖而不肖見於行不肖者雖自謂賢人猶皆謂之不肖也愚者不自謂愚而愚見於言愚者雖自謂智人猶皆謂之愚也禹之治天下也以五聲聽門

【第二十九紙】

商章也物成孰可章度也角者觸也物觸地而出角宮中也居中央暢四方唱始施生
為四声經也徵祉也物盛大而繁祉也羽宇也物聚藏宇覆也五行則角為木五常
為仁五事為貌商為金為義為言徵為火為礼為視羽為水為智為聽宮為土
為信為思以君臣民事物言之宮為君商為臣角為民徵為事羽為物
爾雅釋樂曰宮謂之重商謂之敏角謂之經徵謂之迭羽謂之柳
五經通義曰八音者金石絲竹匏土革木也

【第三十紙】

皆謂之暴也禹之治天下也以五聲聽門
懸鼓鍾鐸聲而置鞀以待四海之士為銘
於簨簴曰教寡人以道者擊鼓教寡人
以義者擊鍾教寡人以事者振鐸語寡
人以憂者擊聲語寡人以訟獄者揮鞀
此之謂五聲是以禹嘗據一饋而七十
起日中而不暇飽食曰吾不恐四海之士
留於道路吾恐其留吾門廷也是以四海
之士皆至是以禹朝廷間可以

之士皆至是以禹朝廷間可以
羅雀
者非夫爵相無世賢者有之國無國治智
者理之智者非一日之志也治者非一日之
謀也治志治謀在於帝王然後民知所保
而知所避發政施令為天下福者謂之
道上下相親謂之和民不求而得所欲
謂之信除天下之害謂之仁仁與信和與
道帝王之器也凡萬物皆有器故欲有為

道帝王之器也凡萬物皆有器故欲有爲
而不成也欲王者必然不用帝王之器者必
不成也
昔者魯周公使衛康叔往守於殷戒之
曰與殺不辜寧失有罪无有無罪而見誅
無有無功而不賞戒之封誅賞慎焉

群書治要卷第卅

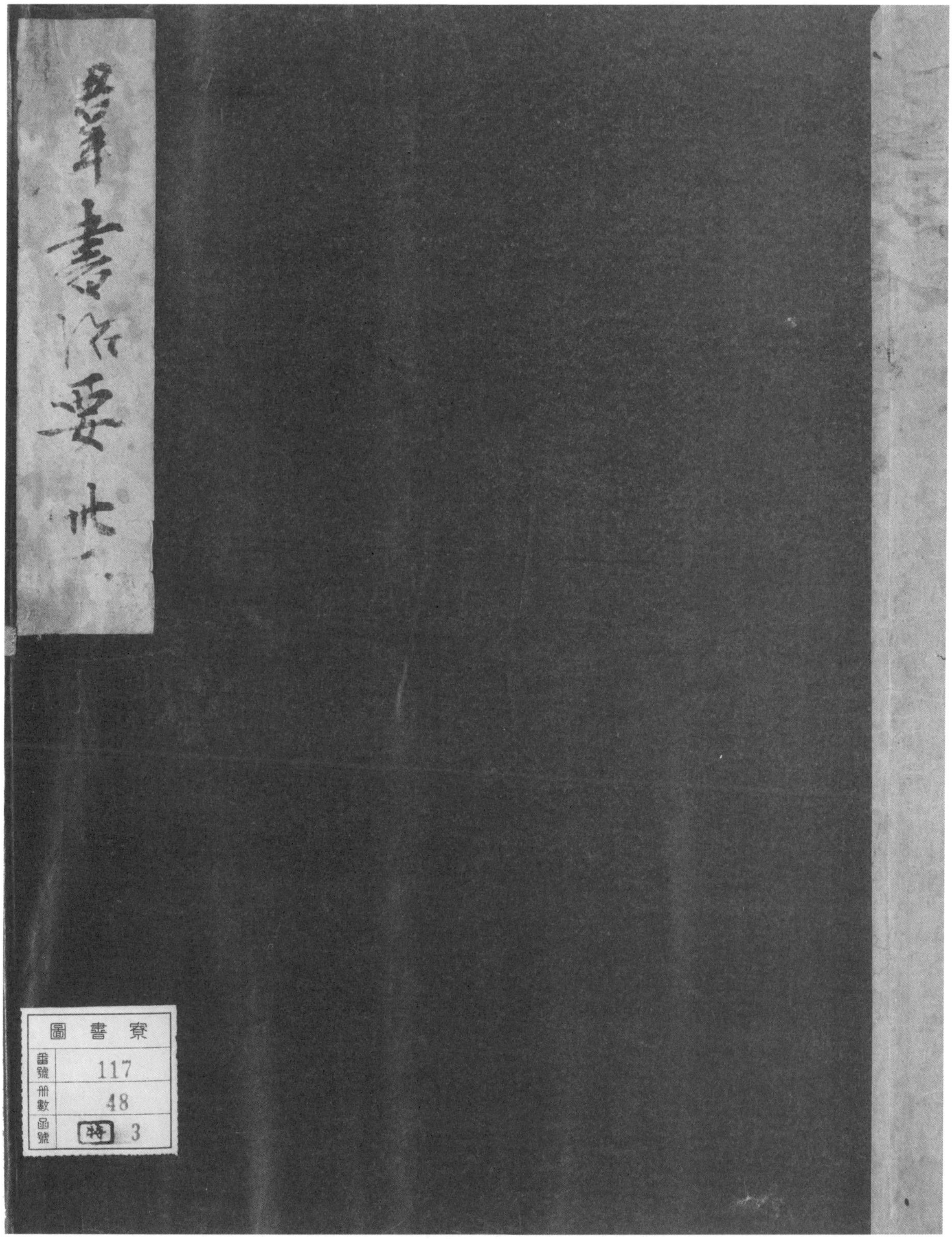
羣書治要
圖書寮
番號 117
冊數 48
函號 特 3

群書治要卷第卅二　　祕書監鉅鹿男臣魏徵等奉勅撰

管子　管子廿四巻齊相管夷吾撰也

管夷吾

牧民　尚書云咨十有二牧孔安国曰州牧也

凡有地牧民者務在四時守在倉稟倉

廩實則知禮節衣食足則知榮辱上服

度則六親固四維張則君令行四維不張

國乃滅亡國有四維一維絶則傾二維絶則

危三維絶則覆四維絶則滅傾可正也危可

危三維絶則覆四維絶則滅傾可正也危可
安也覆可起也滅不可復措也四維一曰礼二曰義三
曰廉四曰恥政之所行在順民心政之所廢在
逆民心民惡憂勞我逸樂之民惡貧賤
我富貴之民惡危墜我存安之民惡滅
絶我生育之能逸樂之則民為之憂勞
能富貴之則民為之貧賤能存安之
則民為之危墜能生育之則民為之滅
絶故刑罰不足以畏其意殺戮不足以

【第二紙】

施故刑罰不足以畏其意殺戮不足以
服其心故刑罰繁而意不恐則令不行
矣殺戮衆而心不服則上位危矣故從其四
欲則遠者自親行其四惡則近親叛之故
知與之為取者政之寶也
措國於不傾之地積於不涸之倉藏於
史記曰下令如流水之源令順民心
不竭之府下令於流水之原使民於不爭
之官明必死之路開必得之門不為不可成
不求不可得不處不可久不行不可復

不求不可得不處不可久不行不可復
措國於不傾之地有德也於不涸之倉務
五穀也藏於不竭之府養桑麻育六畜也
下令於流水之原令順民心也使民於不爭
之官使民各爲其所長也明必死之路嚴
刑罰也開必得之門信慶賞也不爲不可
成量民力也不求不可得不強民以其所惡
也不處不可久不偷取壹世也不可復不
欺其民也如地如天何私何親如月如日維

【第三紙】

歟其民也如地如天何私何親如月如日維
君之節御人之轡在上之所貴導民之
門在上之所先召民之路在上之所好惡
故君求之則臣得之君嗜之則臣食之君
好之則臣服之無蔽汝惡無異汝度賢者
將不汝助言室滿室言堂滿堂是謂聖王聖
王城郭溝渠不足以固守兵甲勇力不
足以應敵博地多財不足以有衆唯有
道者能備患於未形也天下不患無臣患

道者能脩患於未形也天下不患無臣患
無君以使人天下不患無財患無人以分財故知
時者可立以為長無私者可置以為政審
於時而察於用而能脩官者可奉以
為君也緩者後於事吝於財者失所親
信小人者失士

形勢

言而不可復者君不言也行而不可再者君
不行也凡言而不可復行而不可再者有國

不行也凡言而不可復行而不可再者有國者之大禁也

權脩

萬乘之國兵不可以無主土地博大野不可以無吏百姓殷衆官不以無長操民命朝不可以无政地博而國貧者野不闢也民衆而兵弱者民無取也故末産不禁則野不闢賞罰不信則民無取野不闢民無取外不可以應敵内不可以固守地闢而國貧者舟輿飾臺榭廣也賞罰信

【第四紙】

而國貧者舟輿飾臺榭廣也賞罰信
而兵弱者輕用衆使民勞也民勞則力
竭賦斂厚則下怨上民力竭則令不行下
怨上令不行而求敵勿謀己不可得也欲為天
下者必重用其國欲為其國者必重用其民欲
為其民者必重盡其力无以畜之則往而不可
止也無以牧之則處而不可使也遠人至而不去
則有以畜之也民衆而可壹則有以牧之
見其可也喜之有徵見
其不可也惡之有形賞罰信於其所見

見其可也喜之有徵見
其不可也惡之有形賞罰信於其所見
雖其所不見其敢為之乎見其可也喜之
無徵見其不可也惡之無形賞罰不信於
其所見而求其所不見之為之化不可
得也地之生財有時民之用力有倦而人
君之欲無窮以有時与有倦養無窮之
君而度量不生於其間則上下相疾矣故
取於民有度用之有正國雖小必安取
於民無度用之無正國雖大必危身者

【第五紙】

於民無度用之無正國雖大必危身者

治之本也故上不好本事則末産不禁

末産不禁則民緩於時事而輕地利〻

〻〻而求田野之闢倉稟之實不可得

也商賈在朝則貨財上流婦言人事則

賞罰不信男女無別則民無廉恥而求百

姓之安兵士之死節不可得也朝廷不肅

貴賤不明長幼不分度量不審衣服無等

下賤侵節而求百姓之尊主政令不可得也

下賤侵節而求百姓之尊主政令不可得也
上好詐謀間欺臣下賤斂競得使民偷壹
則百姓疾怨而求下之親上不可得也地
不務本事君國不能壹民而宗廟社稷
之無危不可得也一年之計莫如樹穀十年
之計莫如樹木終身之計莫如樹人
立君　君之所審者三一曰德不當其
位二曰功不當其祿三曰能不當其官
此三本者治乱之原也故國有德義

此三本者治乱之原也故國有德義
未明於朝者則不可加於尊位功力未
見於國者則不可与重祿臨事不信
於民者不可使任大官故德厚而位
卑者謂之過德薄而位尊者謂之失
寧過於君子而無失於小人過於君子
其為怨淺矣於小人其為禍深矣君之
所慎者四一曰大位不至仁不可授國柄
二曰見賢不能讓不可與尊位三曰罰

二曰見賢不能讓不可與尊位三曰罰
避親貴不可使主兵四曰不好本事不
務地利而輕賦斂不可與都邑此四務
者安危之本也故曰卿相不得衆國之
危也大臣不和同國之危也兵主不足
畏國之危也民不懷其產國之危也故大
德至仁則操國得衆見賢能讓則大臣
和同罰不避親貴則威行於鄰敵好本
事務地利則民懷其產矣　七法

事勢地利則民懐其產矣　七法
言是而不能立言非而不能廢有功不能
賞有罪而不能誅若是而能理民者未有
也是必立必廢有功必賞有罪必誅若是
治安矣
五輔　古之聖王所以取明名廣譽厚功
大業顯於天下不忘於後世非得人者未
之嘗聞也暴主之所以失國家危社稷覆
宗廟滅於天下非失人者未之嘗聞也

【第七紙】

宗廟滅於天下非失人者未之嘗聞也
今有土之君皆處欲安動欲威戰欲勝守
欲固大者欲王天下小者欲霸諸侯而不
務得人是以小者兵挫而地削大者身死
而國亡故曰人不可不務此天下之極也曰
然也則得道莫如利之〻〻道莫如教之
故善為政者田疇墾而國邑實朝廷閒
而官府治公法行而私曲止倉廩實而囹圄
空賢人進而姦民退君子上忠正而

〔解舍 注曰解放也舍免也〕

國空賢人進而姦民退君子上忠正而小人下諂諛其士民貴武勇而賤得利其庶人好耕農而惡飲食於是財用足而食飲薪菜饒是故上必寬裕而有解舍（飲ノ食 太平御覽作）下必聽從而不疾怨上下和同而有禮義故處安而動威戰勝而守固不能為政者田疇荒而國邑虛朝廷凶而官府亂公法廢而私曲行倉稟虛而囹圄實賢人退而姦民進其君子上諂諛而下忠

人退而姦民進其君子上諂諛而下忠
正其士民貴得利而賤武勇上下交引
而不和同故處不安而動不威戰不勝
而守不固是以小者兵挫而地削大者
身死而國亡以此觀之則政不可慎也
法法
聞賢而不舉殆也聞善而不索殆也見
能而不使殆也親仁而不固殆也同謀而
離殆也也人主不周密則正言直行之士危

【第八紙】

雖殆也也人主不周密則正言直行之士危
正言直行之士危則人主孤而無内人主孤而
無内則人臣黨而成群使人主孤而無内
人臣黨而成群者此非人臣之罪也人主之過
也號令已出又易之禮義已行又止之度量
已制又遷之刑法已措又移之如是則賞
慶雖重民不勸也殺戮雖繁民不畏也
使賢者食於能鬪士食於功賢者食於能
則上尊民從鬪士食於功則卒輕患而傲

則上尊民從，鬬士食於功，則卒輕患而傲

敵。二者設於國，則天下治而主安矣。

凡赦者小利而大害者也。故久而不勝其禍。

無赦者小害而大利者也。故久而不勝其福。

故赦者奔馬之委轡也。無赦者痤疽之砭石也。

本書曰：是故先王制軒冕足以著貴賤，不求其義；設爵祿所以守其服，不求其觀也。

先王制軒冕足以著貴賤，不求其觀也。使

君子食於道，小人食於力。君子食於道則上

尊而民順，小人食於力則財厚而養足。

凡人君之所以為君者勢也。在下則君制於臣

【第九紙】

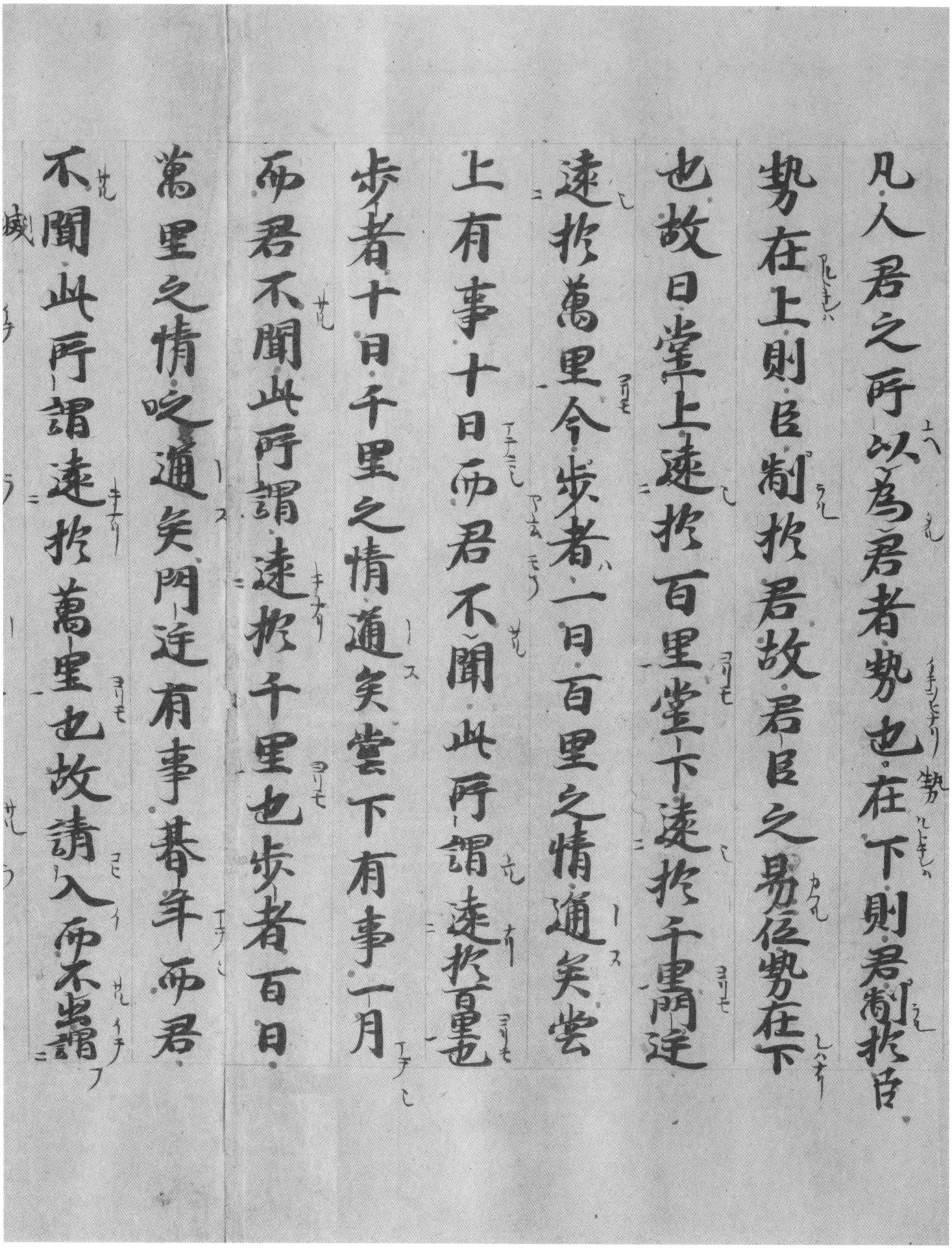

凡人君之所以為君者勢也在下則君制於臣
勢在上則臣制於君故君臣之易位勢在下
也故曰堂上遠於百里堂下遠於千里門廷
遠於萬里今步者一日百里之情通矣堂
上有事十日而君不聞此所謂遠於百里也
步者十日千里之情通矣堂下有事一月
而君不聞此所謂遠於千里也步者百日
萬里之情通矣門廷有事朞年而君
不聞此所謂遠於萬里也故請入而不出謂

不聞此所謂遠於萬里也故請入而不出謂
之滅出而不入謂之絶入而不至謂之侵出
而道止謂之壅滅絶侵壅之君者非杜其門
而守其戶也為政之有所不行也政者正也
聖人明正以治國故正者所以止過而逮不及
也過與不及皆非正也非正則傷國一也勇
而不義傷兵仁而不法傷正故軍之敗也生
於不義法之侵也生於不正故言有辯而非
務者行有難而非善者故言必中務不苟

務者行有難而非善者故言必中務不苟
為辯行身思善不苟為難規矩者方圜之
正也雖有巧目利手不如拙規矩之正方圜也故
巧者能生規矩不能廢規矩而正方圜聖人
能生法不能廢法而治國故雖有明智高
行背法而治是廢規矩而正方圜也賢人不
至謂之蔽忠臣不至謂之塞令而不行謂之
鄣禁而不止謂之逆蔽塞鄣逆之君者不
杜其門而守其戶也為賢者之至令之不行也

【第十紙】

杜其門而守其戸也為賢者之至令之不行也
凡民從上也不從口之所言從情之所好也
上好勇則民輕死上好仁則人輕財故上之所
好民必甚焉是故明君知民之必以上為心也
故置法以自治立義以正立義以自正也故上
不行則民不從是以有[道]之君行法脩制先國盡
民以聽於世忠臣直進以論其能明君不以祿
爵私所愛忠臣不誣能于爵祿君不私國臣不
誣能行此道者雖未大治正民之經也

誰能此道者雖未大治正民之經也
中匡　管仲朝公曰寡人願聞國君之信對
曰民愛之鄰國親之天下信之此國君之信
公曰善請問信安始而可對曰始於為身於
為國成於為天下公曰請問為身對曰道之
以求年長年長德此為身也遂舉賢人慈愛
百姓此為國也法行而不苛刑廉而不赦此為
天下也小匡桓公自莒反于齊使鮑叔牙為
宰辭曰君有加惠於其臣不使臣不凍餒則是

【第十一紙】

叔辭曰君有加惠於其臣不使臣不凍餒則是
君之賜也若將治國家則非臣之所能也其
唯管夷吾乎臣之所不如管夷吾者五寬
惠愛民臣不如也治國不失柄臣不如也忠信
可結於諸侯臣不如也制禮義可法於四方臣
不如也介胄執枹立於軍門使百姓皆加勇臣
不如也夫管子民之父母也將欲治其子不可以
弃其父母公曰管夷吾親射寡人中鉤殆於
死今乃用之可乎鮑叔曰彼為其君也君若

死今乃用之可乎鮑叔曰彼爲其君也君若
宥而反之其爲君猶是也公使人請之魯
內管仲以與齊桓公親迎之郊遂與歸禮之
于廟而問爲政焉管仲相三月請論百官公
曰諾管仲曰升降揖讓進退閑習臣不如隰
朋請立以爲大行嚚闢土聚粟盡地之利臣
不如甯戚請立以爲司田平原廣牧車不
結轍士不旋踵鼓之而三軍之士視死如歸臣
不如王子城父請立以爲大司馬決獄折中不殺

折衷

不如王子城父請立以為大司馬決獄折中不殺不辜不誣無罪臣不如賓胥無請立以為大理犯君顏色進諫必忠不避死亡不撓貴富臣不如東郭牙請立以為諫之臣此五子者夷吾一不如然君若欲治國彊兵則五子者存若欲霸王夷吾在此桓公曰善

霸形

桓公在位管仲隰朋見立有間有貳鴻飛而過之桓公歎曰今彼鴻鵠有時而南有時而北四方無遠所欲至焉寡人之有

【第十二紙】

南有時而北四方無遠可欲至焉寡人之有
仲父猶飛鴻之有羽翼也若濟大水有舟檝
也仲父不壹言教寡人乎管子對曰君若
將欲霸王舉大事乎則必從其本事矣桓
公曰敢問何謂其本管子對曰齊國百姓公
之本也民甚憂飢而稅斂重民與懼死而
刑政險民甚傷勞而上舉事不時輕其稅
斂則民不憂飢緩其刑政則民不懼死舉
事以時則民不傷勞桓公曰寡人聞命矣

事以時則民不傷勞桓公曰寡人聞命矣
霸言　夫明王之所輕者馬與玉其所重
者政与軍然輕与人政而重人馬與人軍
而重與人玉重宮闕之營而輕四境之守其
所以削也聖人能輔時不能違時智者善
謀不如當時精時者日少而功多夫謀無
主則困事無備則廢是以聖王務具其備
備而慎守其時以備待時以時興事德利百
姓威振天下令行而不拂近無不服遠無不聽

【第十三紙】

姓威振天下令行而不拂近無不服遠無不聽
戒　管仲復於桓公曰任之重者莫如
身塗之畏者莫如口期之遠者莫如年以
重任行畏塗至遠期君子爲能及矣
君臣　國之所以乱者四内有疑妻之妾此宮亂
也庶有疑嫡之子此家亂朝有疑相臣此
國乱也任官無能此衆亂也四者無別主失
其體羣官朋黨以懐其私則失族矣故妻必
定子必正相必直立以聽官必忠信以敬
小稱

宦子務正相務直立以聽官務忠信以敬

小稱

管子曰身不善之患無患人莫已知民之觀也察矣不可遁逃故我有善立譽我有過則立毀我當人之毀譽也則莫歸問於家矣故明王有過則反之身有善則之於民有過反之身則身懼有善而歸之民則民喜往喜民來懼身此明王之所以治民也今夫桀紂則不然有善則反之於身有過則歸之於民有過而歸之於民則民怒有善而反之於身則

過而歸之於民則民悦有善而反之於身則
身驕往怒民來驕身此其所以失也可無慎
乎管仲有病桓公往問之曰仲父之病矣若
不可諱將何以詔寡人管仲對曰臣願君之
遠易牙豎刀堂寔公子開方夫易牙以調味事
公〻雅蒸嬰兒之未嘗也於是蒸其首子而
獻之公人情非不愛其子也於子之不愛將
何有於公〻喜宮而妒豎刀自刑而為公治内
人之情非不愛其身也於身之不愛將何

人之情非不愛其身也於身之不愛將何
有於公〻子開方事公十五年不歸視其親
於親之不愛焉能有於公桓公曰善管仲死
已葬公召四子者廢之逐堂巫而苛病起逐
易牙而味不至逐豎刀而宮中亂逐公子開
方而朝不治桓公曰嗟聖人固悖乎乃復四子者
處期年四人作難圍公一室十日不通公曰嗟死
者無知則已若有知吾何面目以見仲父於地
下乃援幭素以裹首而絶死十一日蟲出於戶葬

下乃援幭素以裹首而絕死十一日蟲出於戶葬
以楊門之扇以不終用賢也桓公管仲鮑叔牙
甯戚四人飲〻酣桓公謂叔牙曰去不起為
寡人壽乎叔牙奉杯而起曰使公無忘出而
在於莒使管仲無忘其束縛在於魯也
使甯戚無忘飯牛車下也桓公避席再拜曰
寡人与二大夫能無忘夫子之言則國之社
稷必不危矣治國凡治國之道必先富民
民富則易治也民貧必難治矣以知其然也

【第十五紙】

民冨則易治也民貧必難治矣以知其然也
民冨則安鄉重家鄉安重家則敬上畏罪敬
上畏罪則易治也民貧則危鄉輕家危鄉輕
家則敢陵上犯禁陵上犯禁則難治也故曰
治國常冨而亂國必貧是以善為國者必先冨
民然後治之昔者七十九代之君法制不壹號
令不同然俱王天下者何也必國冨而粟多也
夫冨國多粟生於農故先王貴之凡為之急
者必先禁末作文巧末作文巧禁則民無所

者必先禁末作文巧末作文巧禁則民無所
遊食民無所遊食則必農民事農則畠先王
者善為民除害興利天下之歸之所謂
利農也所謂除害者禁害農事也國富
則安鄉家安鄉家則雖變俗易習毆衆移
民至於敎之而不惡也民貧則輕家易去
輕家易去則上令不能必行禁不能必止則
戰不必勝守不必固矣夫令不必行禁不必戰
不必止戰不必勝守不必固命之曰寄生君

不能上戰不能勝守不能固命之曰寄生之君此由不利農少粟之害也粟者王者之本事也人主之大務治國之道也　桓公問

齊桓公問管子曰吾念有而勿失得而勿忘為之有道乎對曰勿創勿作時至而隨無以私好惡害公正察民所惡以自為戒黃帝立明臺之議堯有衢室之問舜有告善之旌禹立建鼓於朝湯有總街之庭以觀民誹也此古聖帝明王所以有而勿失得而勿忘者也

【第十六紙】

聖帝明王所以有而勿失得而勿忘者也
形勢解　人主之所以令則行禁則止者必
令於民之所好而禁於民之所惡也民之情
莫不欲生而惡死莫不欲利而惡害也故上令於生利人
則令行禁於殺害人則禁止矣令之所以行者必
民樂其政也而令乃行故曰貴有以行令也
人主之所以使下盡力而親上者必為天下致
利除害也故德澤加於天下恵厚施於萬物父
子得以安群生得以育故萬民歡盡其力而

予得以安羣生得以育故萬民觀盡其力而
樂爲上用入則務本疾作以實倉廩出則盡
節死敵以安社稷雖勞苦卑辱而不敢告也
民利之則來害之則去民之從利也如水之
走下於四旁無擇也故欲來民者先起其利
雖不召而民自至設其所惡雖召之而民不可
來也莅民如父母則民親愛之導民純厚遇
之有實雖不言曰吾親民而民親矣莅民如
仇讎則民疏之導之不厚遇之無實雖言曰

【第十七紙】

仇讎則民疏之尊之不厚遇之無實雖言
吾親民不親也聖人擇可言而後言擇可行
而後行偷得利而後有害偷得樂而後有憂
者聖人不為也故聖人擇言必顧其累將
行必顧其憂聖人之求事也先論其理義
計其可否故義則求之不義則止可則求
之不可則止故其所得事者常為身寶
小人求事也不論其理義不計其可否
不義亦求之不可亦求之故其所得事

不義亦求之不可亦求之故其所得事
者未嘗為賴也故曰必得之事不足賴也
人主者温良寛厚則民愛之整齊嚴莅
則民畏之故民愛之則親畏之則用夫民親
而為用主之所急也故曰且懷且威則君道
備矣人主能安其民則民事其主如事其父母
有憂則憂之有難則死之人主視民如土則
民不為用主有憂則不憂有難則不死皆
莫樂之則莫哀之莫生之則莫死之民之

莫棄之則莫哀之莫生之則莫死之民之所以守戰至死而不衰者上之所加施於民者厚也故上施厚則民之報上亦厚上施薄則民之報上亦薄故薄施而厚責君不能得於臣父不能得於子民之從有道也如飢之先食也如寒之先衣也如暑之先陰也故有道則民歸之無道則民去之故道在身則言自順行自正事君自忠事父自孝遇人自理天之道滿而不溢盛而不衰明主法象

【第十八紙】

理天之道滿而不溢盛而不衰明主法象
天道故貴而不驕富而不奢故能長守貴富
富久有天下而不失也故曰持滿者與天明主
救天下之禍安天下之危者必待萬民之為
用也而後能為之故曰安危者與人
地大國富民衆兵強此盛滿之國也雖已盛滿
無德厚以安之無度數以治之則國非其國
而民非其民也故曰失天之度雖滿必涸臣
不親其主百姓不信其吏上下離而不和故

不親其主百姓不信其吏上下離而不和故
雖自安必且危之故曰上下不和雖安必危
古者三王五伯皆人主之利天下者也故身貴
顯而子孫被其澤桀紂幽厲皆人主之害天下者
也故身困傷而子孫蒙其禍故曰疑今者察
之古不知来者視之往　古者武王地方不過
百里戰卒之衆不過万人然能戰勝攻取立
為天子而世謂之聖王者知為之術也桀紂
貴為天子富有海内地方甚大戰卒甚衆

【第十九紙】

貴爲天子富有海内地方甚大戰卒甚衆然而身死國亡爲天下戮者不知爲之術也故能爲之則小可以爲大賤可以爲貴不能爲之則雖爲天子人猶奪之　明王度量人力之所能爲而後使焉故令於人之所能爲則令行使於人之所能爲則事成亂主不量人力令於人之所不能爲故其令廢使於人所不能爲其事敗夫令出而廢舉事而敗此彊不能之罪也明主不用其智而任聖人之智不用其

罪也明主不用其智而任聖人之智不用其
力而任衆人之力故以聖人之智思慮者無
不知也以衆人之力起事者無不成也能自去
而因天下之智力起則身逸而福多亂主
獨其智而不任聖人之智獨用其力而不任
衆人之力故其身勞而禍多故曰獨生之國
勞而多禍明主者人未之見而有親心焉
者有使民親之道也故其位安而民往之皆
未之見而親焉可以往矣

末之見而親焉可以往矣
人主出言不逆於民心不悖於理義其所言足
以安天下者也人唯恐其不復言也出言而
離父子之親疏君臣之道害天下之衆此言
之不可復者明君不言也人主身行方正使人
有理遇人有礼發於身而為天下法式者人
唯恐其不復行也身行不正使人暴虐遇人
不信行發於身而為天下笑者此不可復行
也故曰行而不可再者君不行也言之不可復

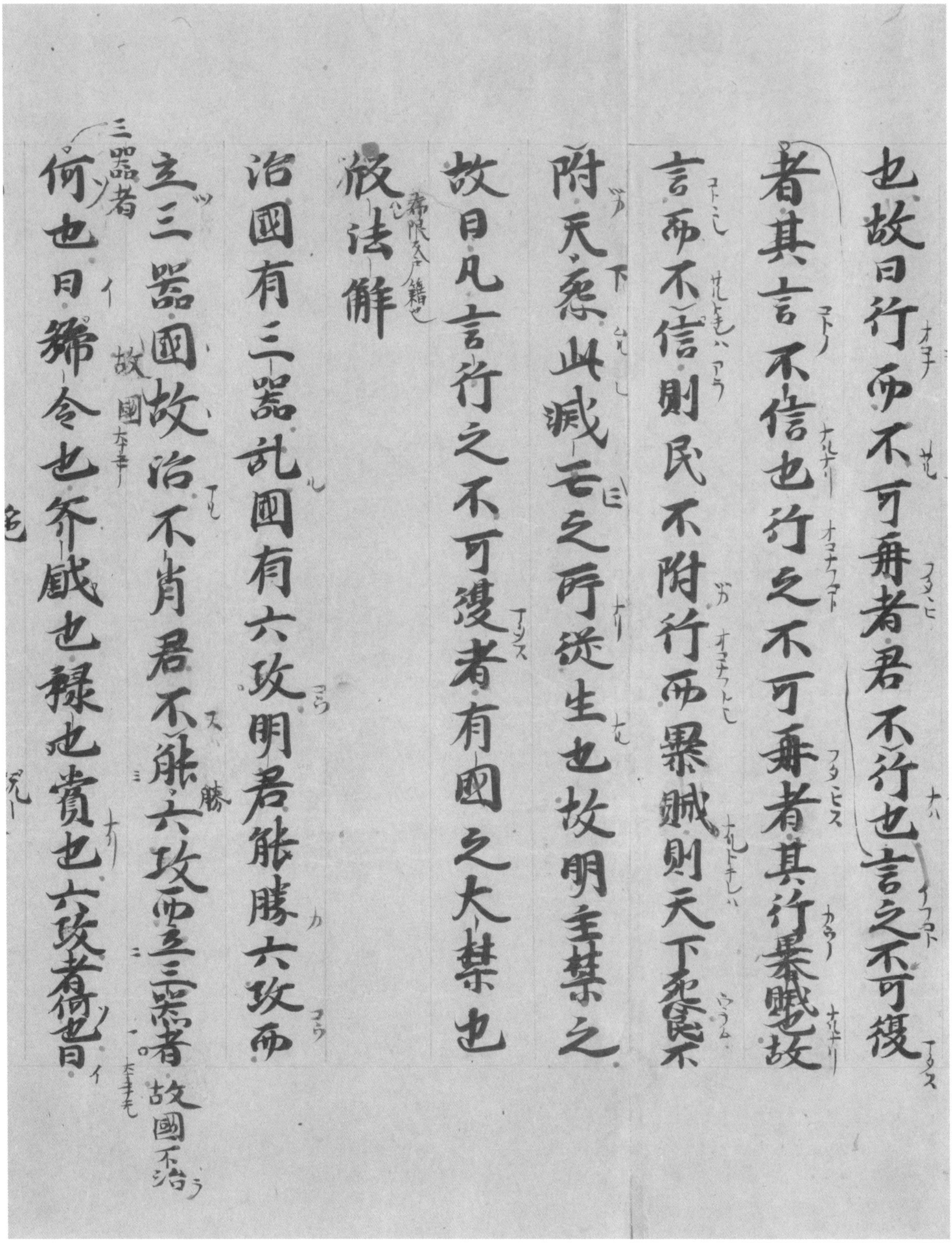

也故曰行而不可再者君不行也言之不可復
者其言不信也行之不可再者其行暴賊也故
言而不信則民不附行而暴賊則天下怨民不
附天下怨此滅亡之所從生也故明主禁之
故曰凡言行之不可復者有國之大禁也
版法解
治國有三器亂國有六攻明君能勝六攻而
立三器國故治不肖君不能勝六攻而立三器者故國不治
何也曰號令也斧鉞也祿也賞也六攻者何也曰

何也曰號令也斧鉞也祿也賞也六攻者何也曰
親也貴也貨也色也巧佞也翫好也三器之用何
也曰非號令無以使下非斧鉞無以威衆非
祿賞無以觀民六攻之敗何也曰雖不聽而可
以得存雖犯禁而可以得免雖無功而可以
得富夫國有不聽而可以得存者則號令不
足以使下有犯禁而可以得免者則斧鉞不
足以威衆有無功而可以得富者則祿賞不
足以觀民號令不足以使下斧鉞不足以威衆

【第二十一紙】

足以觀民爵令不足以使下斧鉞不足以威衆
祿賞不足以觀民則人君以自守也
明法解　明主者審於法禁而不可犯也
察於分職而不可亂也故群臣不敢行其
私貴臣不得蔽賤近者不得塞遠孤寡老
弱不失其職此之謂治國故曰所謂治國者
主道明也　法度者主之所以制天下而禁
姦邪也私意者所以生亂長姦而害公正也
故法度行則國治私意行則國亂明主雖

故法度行則國治私意行則國亂明主雖
心之所愛而無功者弗賞也雖心所憎而無
罪者弗罰也案法式而驗得失非法度不
留意焉故曰先王之治國也不淫意於法之外
明主之治國也案當宜行其正理其當賞
者群臣不得辭也其當罰者群臣弗敢
避也夫賞功誅罪者所以為天下致利除害
草茅弗去則害禾穀盜賊弗誅則傷良民夫
以公法而行私惠則是利姦邪而長暴亂也行

以合法而行私惠則是利姦邪而長暴亂也行
私惠而賞無功則是使民偷幸而望於上也行
私惠而赦有罪則是民輕上而易為非也夫舍
公法用私意明主弗為也故曰惠於法之内權衡
者所以起輕重之數也然而人弗事者非心惡利
也權不能為之多少其數而衡不能為之輕
重其量也人知事權衡之無益故弗事也故
明主在上位則官不得枉法吏不得為私民知
事吏之無益故貨財不行於吏權衡平正而

【第二十二紙】

事吏之無益故貨財不行於吏權衡平正而
待物故姦詐之人不得行其私故曰有權衡
之稱者不可欺以輕重也尺寸尋丈者所以得
短長之情也故以尺寸量短長則萬舉而不
失矣是故尺寸之度雖富貴衆強不益長
雖卑辱貧賤弗爲損短公平而無所偏故姦詐
之人弗能誤也故曰有尋丈之數者不可差
以長短
凡所謂忠臣者務明法術日夜佐主明於度數

凡所謂忠臣者務明法術日夜佐主明於度數之理以治天下者也姦邪之臣知法術明之必治也治則姦臣困而法術之士顯是故姦邪之所務事者使法無明主無寤而已得所欲也故方正之臣得用則姦邪之臣困傷矣是方正之與姦邪不兩進之勢也姦邪之在主側者不能勿惡也惟惡之則必候主間而日夜危之人主弗察而用其言則忠臣無罪而困死姦臣無功而富貴故曰忠臣死於非罪而邪臣起於非

【第二十三紙】

功而富貴故曰忠臣死於非罪而邪臣起於非
功富貴尊顯久有天下人主莫弗欲也令行禁
上海內無敵人主莫弗欲也蔽欺侵淩人主莫
不惡也失天下滅宗廟人主莫不惡也忠臣之欲
明法術以致主之所欲而除主所惡者也姦臣
之擅主者有以私危之則忠臣無從進其公正
之數矣故曰無所死者非罪所起者非功然則爲
人臣者重私而輕公矣　臣乘馬
明主之擇賢人也言勇者試之以軍言智者

明主之擇賢人也言勇者試之以軍言智者
試之以官試於軍有功者則舉之試於官而
事治者則用之故以戰攻之事定勇怯以官職
之治定愚智故勇怯愚智之見也如白黑之分
亂主則不然聽言而不試故妄言者得用任人
而不課故不肖者不困故明主以法案其言而求
其實以官任其身而謂其功專任法不自舉
焉故曰先王之治國也使法擇人弗自舉也譖
功者安主上利萬民者也夫破軍殺將戰勝攻取

功者安主上利萬民者也夫破軍殺將戰勝攻取
使主無危亡之憂而百姓無死虜之患此軍士
之所以為功者也奉主法治境内使強不陵弱
衆不暴寡萬民勸盡其力而奉養其主此吏
之所以為功也匡主之過救主之失明理義以導
其主無邪僻之行蔽欺之患此臣之所以為功也
故明主之治也明分職而課功勞有功者賞
亂治者誅誅賞之所加各得其宜而主不自與
焉故曰使法功不自度也

【第二十四紙】

爲故曰使法功不自度也
明主之治也審是非察事情以度量案之合於
法則行不合於法則止功充其言則賞不充則誅
故言智能者必有見功而後舉之言惡者必有
見過而後廢之如此士上通而莫之能妬不肖
者困廢而莫之能舉故曰能不可蔽而不可飾也
輕重　管子入復桓公曰終歲之租金四萬二
千金請以一朝素賞軍士桓公即諾朝於泰舟之野
朝軍士桓公即壇而立管子執枹而揖軍士曰誰

朝軍士桓公即壇而立管子執枹而揖軍士曰誰
能陷陣破衆者賜之百金三問不對有人秉劍而
前問曰幾何人之衆也管子曰千人之衆臣
陷之賜之百金管子又曰兵接弩張誰能得
卒長者賜之百金問曰幾何人卒之長也管
子曰千人之長臣能得之賜之百金管子各
誰能聽旌旗之所指而得執將首者賜之千金
言能得者累千人賜一人千金其餘言能外斬
首者賜之人十金一朝素賞四萬二千金廓然

【第二十五紙】

昔者賜之人十金一朝素賞四萬二千金廉然
匡桓公惕太息曰吾曷以識此管子曰君勿患且使
外為名於其鄉為功於其親家吶德其妻子若
此則士必爭名報德無北之意矣吾舉兵而
功破其軍并其地則非特四萬二千金之利也
五子曰善乃戒大將曰百人之長必為之朝禮千人
之長必拜而送之降兩級其有親戚者必遺之
酒四石完四斷其無親戚者必遺其妻子酒
三石完三斷行教半歲父必教其子兄教其

【第二十六紙】

三石完三斷行教半歲父必教其子兄教其
弟諫其夫曰見禮若此不死列陣可以反於鄉乎桓公
終舉兵攻萊戰於莒鼓旗未相望而萊人
大遁故遂破其軍兼其地而虜其將故未列
地而虜其將故未列地而封未出金而賞破
萊軍并其地禽其君此素賞之計也

群書治要卷第卅二

488 以蓮華王院寳藏本一校

489 并寫點了

490 直講清原

491

金澤文庫

群書治要卅三
圖書寮
番號 (33) 117
冊數 48
函號 [特] 3

【第一紙】

群書治要卷第卅三　秘書監鉅鹿男臣魏徵等奉勅撰

晏子　司馬法　孫子

晏子　晏嬰

諫上

景公飲酒數日去冠被裳自鼓盆甕問於左右曰仁人亦樂此樂乎梁丘據對曰仁人之耳目猶人也夫何為獨不樂此樂也公令趣駕迎晏子晏子

不樂此樂也公令趍駕迎晏子晏子
朝服以至公曰寡人甚樂欲與夫子同
此樂請去礼對曰群臣皆欲去礼以事
君嬰恐君之不欲也今齊國小童自中
以上力皆過嬰又能勝君然而不敢者
畏礼義也君若无礼无以使下下若
无礼无以事上夫人之所以貴於禽獸
者以有礼也嬰聞之君無礼無以臨其一
邦大夫無禮官吏不恭父子無禮其

邦丈夫無禮官吏不恭父子無禮其
家必凶詩曰人而無禮胡不遄死故礼
不可去也公曰寡人不敏無良左右淫
蠱寡人以至於此請殺之晏子曰危吁
右无罪君若无礼則好礼者去无礼
者至君若好礼則有礼者至无礼者
去矣公曰善請易衣冠糞洒改席召
晏子晏子入門三讓升降用三獻礼
焉再拜而出公下拜送之徹酒去楽

焉舞拜而出公下拜送之徹酒去樂
日吾以章晏子之教也景公之時雨
雪三日而不霽公被狐白之裘坐於
堂側階晏子入見立有間公曰恠哉
雨雪三日而天不寒晏子對曰天不
寒乎公笑晏子曰嬰聞古之賢君飽
而知人之飢温而知人之寒逸而知人
之勞今君不知也公曰善寡人聞命
矣乃令出裘發粟以與飢寒孔子以

【第三紙】

矣乃令出裘發粟以與飢寒孔子以
聞之曰晏子能明其所欲景公行其
所善淳于人納女於景公生孺子荼
景公愛之諸臣謀欲廢公子陽生而
立荼公以告晏子晏子不可夫以賤
匹貴國之害也置子立少亂之本也
夫陽生長而國人戴之君其勿易夫
服位有等故賤不陵貴立子有礼故
孽不亂宗廢長立少不可以教下尊

【第四紙】

孽不亂宗廢長立少不可以教下尊孽卑宗不可以利所愛長少無等宗孽無別是設賊樹之本也君其圖之古之明君非不知繁樂也以為淫樂則衰非不知立愛也以為義失而憂是故制樂以節立子以道若夫持讒諛以事君者不足以責信今君用讒人之謀亂夫之言廢長立少臣恐後人之有因君之過以資其邪廢少而

人之有因君之過以資其邪廢少而
立長以成其利者君其圖之公不聽
景公沒田氏殺荼立陽生殺陽生立
簡公殺簡公而取齊國

景公遊賞
於國內萬鍾者三千鍾者五令三出
而職計莫之公怒令免職計令三
出而士師莫之公不悅晏子見公謂
晏子曰寡人聞君國者愛人則能利
之惡人則能疏之今寡人愛人不能

【第五紙】

之惡人則能疏之今寡人愛人不能
利惡人不能疏失君道矣晏子曰嬰
聞之君正臣從謂之順君僻臣從謂
之逆今君賞讒諛之臣而令吏必從
則使君失其道臣失其守也先王之立
愛以觀善也其立惡以禁暴也昔者
三代之興也利於國者愛之害於者
國者惡之故明所愛而賢良衆所
惡而邪僻滅是以天下平治百姓和

惡而邪僻滅是以天下平治百姓和
集及其衰也行安簡易身安逸樂順
於己者愛之逆於己者惡之故明所愛
而邪僻繁明所惡而賢良滅離散百
姓危覆社稷君上不度聖王之興而
下觀惰君之衰逆政之行有司不敢
爭以覆社稷危宗廟矣公曰寡人不
知也請從士師之策景公觀於淄上
喟然而曰嗚呼使國可長保而傳子

【第六紙】

喟然而曰焉呼使國可長保而傳子
孫豈不樂哉晏子對曰嬰聞之明王
不徒立百姓不虛至今君以政亂國
以行棄民久矣而欲保之不亦難乎
嬰聞之能長保國者能終善者也諸
侯並能終善者為長列士並立能終
善者為師昔先君桓公方任賢而贊
惪之時亡國恃以存危國仰以安是
以民樂其政而世高其惪行遠征暴

以民樂其政而世高其德行遠征暴
勞者不疾驅海內使朝天子諸侯不
恐當是時盛君之行不能進焉及其
卒而衰怠於德而并於樂身溺於婦
俗而謀因於堅力是以民苦其政而
世非其行故身死胡宮而不舉重出
而不取當是也衆付之卒不能惡焉詩
曰靡不有初鮮克有終不能善者不遂
其國今君臨民若寇讎見善若避熱亂

其國今君臨民若寇讎見善若避熱乱政而危賢必逆於衆肆欲於民而虐誅其下恐及於身矣嬰之年老不能待君使矣行不能革則持節以沒世矣景公出遊北面望睹齊國曰嗚乎使古而无死如何晏子曰昔上帝以人之沒為善仁者息焉不仁者伏焉若使古而無死丁公將有齊國桓襄文武將皆相之吾君將戴笠衣

【第七紙】

襄文武將皆相之吾君將戴哄笠衣

銚　唐韻曰餘招反又徒弔反古田器也

褐執銚耨以蹲行畎畝之中孰暇患

死公不悅无幾何梁丘據乘六馬而

來公曰據与我和者夫晏子曰此所

謂同也所謂和者君甘則臣酸君淡

則臣鹹今據也君甘亦甘所謂同也

安得為和公不悅无幾何公西北望

睹彗星召伯常騫使禳而去之晏子

曰不可此天教也以識不敬今君若

曰不可此天教也以讖不敬今君若
設文而受諫雖不去篲星將自亡今
君嗜酒而并於樂政不飾而寬於小
人近讒好優何暇在篲茀又將見矣
公不悅无幾何晏子卒公出屏而泣
曰嗚呼昔者從夫子而遊夫子一日
而三責我今孰責寡人哉景公射鳥
野人駭之公令吏誅之晏子曰野人
不知也臣聞之賞无功謂之亂罪不

【第八紙】

不知也臣聞之賞无功謂之亂罪不
知謂之虐兩者先王之禁也以飛鳥
犯先王之禁不可今君不明先王之
制而无仁義之心是以從欲而輕誅
也夫鳥獸固人之養也野人駭之不
亦宜乎公曰善自今以來施鳥獸之
禁无以拘民

諫下

景公築路寢之臺三年未息而又為

【第八紙】

景公築路寢之臺三年未息而又為長庲之役二年未息又為鄒之長塗晏子諫曰百姓之力勤矣君不息乎公曰余將成矣請成而息之對曰君屈民財者不得其利窮民力者不得其樂昔者楚靈王作為頃宮三年未息也又為章華之臺五年未息也而又為乾谿之役八年百姓之力不足一而自息也靈王死乾谿而民不与歸令

而自息也靈王死乾谿而民不与歸今
君不道君之義而循靈王之迹嬰
懼君之有暴民之行而不睹長庲之
樂也不若息之公曰善非夫子寡人
不知得罪於百姓深也於是令斬板
而去之
景公成路寢之臺逢於何遭晏子於
塗再拜于馬前曰於何之母死兆在
路寢之臺牖下願請合骨晏子曰嘻

【第九紙】

路寢之臺牖下願請合骨晏子曰嘻
難矣雖然嬰將為子復之逡入見公
曰有逢於何者母死兆在路寢當牖
下願請合骨公作色不悅曰自古及
今子亦嘗聞請葬人主宮者乎晏子
對曰古之君治其宮室節不侵生人
之居其臺榭儉不殘死人之墓未嘗
聞請葬人主宮者也今君侈為宮室
奪人之居廣為臺榭殘人之墓是生

糞人之居廣為臺榭殘人之墓是生
者愁憂不得驩處死者離析不得合
骨豐樂侈遊兼傲死生非仁人之行
也遂欲滿求不顧細民非存之道也
且嬰聞之生者不安命之日蓄憂死
者不葬命之日蓄哀蓄憂者怨蓄哀
者危君不如許之公曰諾晏子出梁丘
據曰自古及今未嘗聞求葬公宫者
也若何許之公曰削人之居殘人之

【第十紙】

也若何許之幺日削人之居殘人之墓淩人之喪而禁其葬是於生者无施於死者无礼也且詩曰穀則異室死則同穴吾敢不許乎逢於何遂葬路寢臺之牖下解衰去絰布衣韋冠踊而不哭辟而不拜已埌（力盎反秦晉間謂冢為埌）夷而去之梁丘據死景公召晏子而告之曰據忠且愛我我欲豐厚其葬高大其壟晏子曰敢問據之所以忠愛君者可

壟晏子曰敢問據之所以忠愛君者可
得聞乎公曰吾有喜於玩好有司未能
我供也則據以其財供我吾以知其忠
也每有風雨暮夜求之必存吾是以
知其愛也晏子曰嬰對則為罪不對則
無以事君敢不對乎嬰聞之臣專其君
謂之不忠子專於父謂之不孝妻專其夫
謂之嫉妬為臣道君親於父兄有礼於群
臣有惠於百姓有義於諸侯謂之忠也

臣有恵於百姓有義於諸侯謂之忠也為子道父以愛於兄弟施行於諸父慈恵於衆子誠信於朋友謂之孝也為妻使衆妾皆得驩欣於夫謂之不妬也今四封之民皆君之臣也而惟據盡力以愛君何愛者之少耶四封之貨皆君之有也而唯據也以其私財忠於君何忠者之寡耶據之防塞羣臣壅蔽君无乃甚矣公曰善哉微子寡人不知據之

【第十一紙】

及甚紂公曰善哉寡人不知據之
至於是也遂罷為隴之役廢厚葬之令
令有司據法而責群臣陳過而諫故官
無廢法臣無隱忠而百姓大悦
問上　景公問晏子曰君子常行曷若
對曰衣冠不中不敢以入朝所言不義
不敢以要君身行不順治事不公不敢
以蒞衆衣冠中故朝無奇僻之服所言
義故下無偽上之報身行順治事公故

義故下無偽上之報身行順治事之故國無阿黨之義三者君子常行也

景公問晏子曰請問臣道對曰見善必通不私其私薦善而不有其名稱身居位不為苟進稱事受祿不為苟得君用其言人得其利不伐其功此臣道也

景公問晏子曰明王之教民何若對曰明其教令而先之以行養民不苛而防之以刑所求於下者不務於上所禁於民

【第十二紙】

以刑所求於下者不務於上所禁於民
者不行於身故下從其教也稱事以任
民中聽以禁邪不窮之以勞不害之以
罰上以愛民為法下以相親為義是以
天下不相違也此明王之教民也
景公問晏子曰忠臣之事君何若對曰
有難不死出亡不送公不悅曰君裂地
而留之䟽爵而貴之有難不死出亡不
送其說何也對曰言而見用終身无難

【第十二紙】

送其説何也對曰言而見用終身无難
臣何死焉謀而見從終身不出臣何送
焉若言不用有難而死是妄死也謀而
不從出亡而送是詐偽也忠臣也者能
擁善於君而不与君陷於難者也
景公問晏子曰忠臣之行何如對曰選
賢進能不私乎内稱身就位計能受
祿睹賢不居其上受祿不過量不權君
以為行不稱位以為忠不掩賢以隠長

以為行不稱位以為忠不掩賢以隱長
不列下以諛上順即進否即退不与君
行邪　景公問晏子曰臨國莅民所患
何也對曰所患者三忠臣不信一患也
信臣不忠二患也君臣異心三患也是
以明君居上無忠而不信无信而不忠
者是如君臣無獄而百姓无怨也　晏子
問晏子曰威當世而服天下時邪對曰
行也公曰何行對曰能愛邦内之民者

【第十三紙】

行也公曰何行對曰能愛邦内之民者
能服境外之不善重士民之死力者能
暴國之邪中聽任聖者能威諸侯安仁
義而樂利世者能服天下不能愛邦内
之民者不能服境外之不不善輕士民
之死力者不能禁暴國之邪逆諫傲賢
者不能威諸侯背仁義而貪名實者不能
服天下威當世而服天下者此其道已公不
用任勇力之士而輕臣僕之死用兵无休國

用任勇力之士而輕臣僕之死用兵無休國
疲民害朞年百姓大亂而身及崔氏
景公問晏子曰聖人之不得意也何如晏
子對曰上作事反天時從政逆鬼神藉斂
殫百姓四時易序神祇並怨道忠者不聽
薦善者不行諛過者有賞救失者有罪
故聖人伏遁隱處不干長上靜身守道不
與世陷乎邪是以卑而不失義瘁而不失廉
此聖人之不得意也公曰聖人之得意何如

【第十四紙】

此聖人之不得意也公曰聖人之得意何如
晏子對曰世治政平舉事調乎天藉斂和
乎民百姓樂其政遠者懷其德四時不失
序風雨不降虐天明象而致贊地育長而
具物神降福而不靡民服教而不偽治無
怨業居無廢民此聖人之得意也
景公問求賢晏子對曰通則視其所舉
窮則視其所不為富則視其所分貧則
視其所不取夫上難進而易退也其次易進

視其所不爲也上難進而易退也其次易進
而易退也其下易進而難退也以此數物
者取人其可乎景公問晏子曰古之莅國
治民者其任人何如對曰地不同宜而任之以
一種責其俱生不可得也人不同能而任之
以事不可責徧成爲責焉無已知者有
不能給矣求焉無饜天地有不能贍矣
故明主之任人諂諛不邇乎左右阿黨不治
乎本朝任人之長不彊其短任人之工不彊

乎本朝任人之長不强其短任人之工不强
其拙此任人之大略也景公問晏子曰富民安
衆難乎對曰易節欲則民富中聽則民安
行此兩者而已矣景公問晏子曰古者離散
其民而隕失其國者其常行何如對曰國
貧而好大智薄而好專尚讒諛而賤賢人
樂簡慢而輕百姓國無常法民無經紀好辯
以為智刻民以為忠流湎而忘國好兵而忘民
肅於罪誅而慢於慶賞樂人之哀利人之害

宋韻曰肅疾也云云

【第十五紙】

肅於罪誅而慢於慶賞樂人之哀利人之害
德不足以懷人政不足以惠民賞不足以勸善
刑不足以防非此亡國之行也今民聞公令如
寇讎此古之離其民隕其國常行也
景公問晏子曰謀必得事必成有術乎對曰
有之曰其術何如晏子曰謀度於義者必得
事因於民者必成反義而謀背民而動未聞
存者也昔三代之興也謀必度於義事必因
於民及其衰也謀者反義興事傷民故度

於民及其裏也謀者反義興事傷民故度
義因民事謀之術也
景公問晏子曰治國之患亦有常乎對曰讒
夫佞人之在君側者好惡良臣而行与小人
此治國之常患也公曰讒佞人則誠不善矣
雖然則奚曾為國常患乎晏子曰君以為耳
目而好繆事則是君之耳目繆也夫上乱君
之耳目而下使群臣皆失其職豈不誠足患
哉公曰如是乎寡人將去之晏子曰公不能去

哉公曰如是乎寡人將去之晏子曰公不能去
也公曰不悦曰夫子何少寡人之甚也對曰臣
非敢矯也夫能自用於君者材能皆非常也
夫藏大不誠於中者必謹小誠於外以成其
大不誠入則求君之嗜欲能順之君怨良
臣則具其往失而益之出則行威以取富夫
可密近不為大利變而務與君至義者此
難得而其難知也公曰然則先聖奈何對
曰先聖之治也審見賓客聽治不留患日

【第十六紙】

曰先聖之治也審見賓客聽治不留患日
不足群臣皆得畢其誠讒諛安得容其私公
然則夫子助寡人止之寡人亦事勿用矣對曰
讒人佞人之在君側者若社之有鼠也不可燻
去讒佞之人隱君之威以自守也是故難去也
景公問晏子曰古之盛君其行何如對曰薄
於身而厚於民約於身而廣於世處上也
足以明政行教而不以威下其取財也權有
無均貧富不以養嗜欲誅不避貴賞不

無均貧富不以養嗜欲誅不避貴賞不
遺賤不淫於樂不遁於哀盡智道民而不
伐焉勞力事民而不責焉政尚相利故下
不以相害爲行教尚相愛故民不以相惡爲名
刑罰中於法廢罪順於民是以賢者處上
而不華不肖者處下而不怨四海之内一意
同欲生有厚利死有遺教此盛君之行也
問下　景公出游問於晏子曰吾欲循海
而南至於瑯琊寡人何循以則先王之游

【第十七紙】

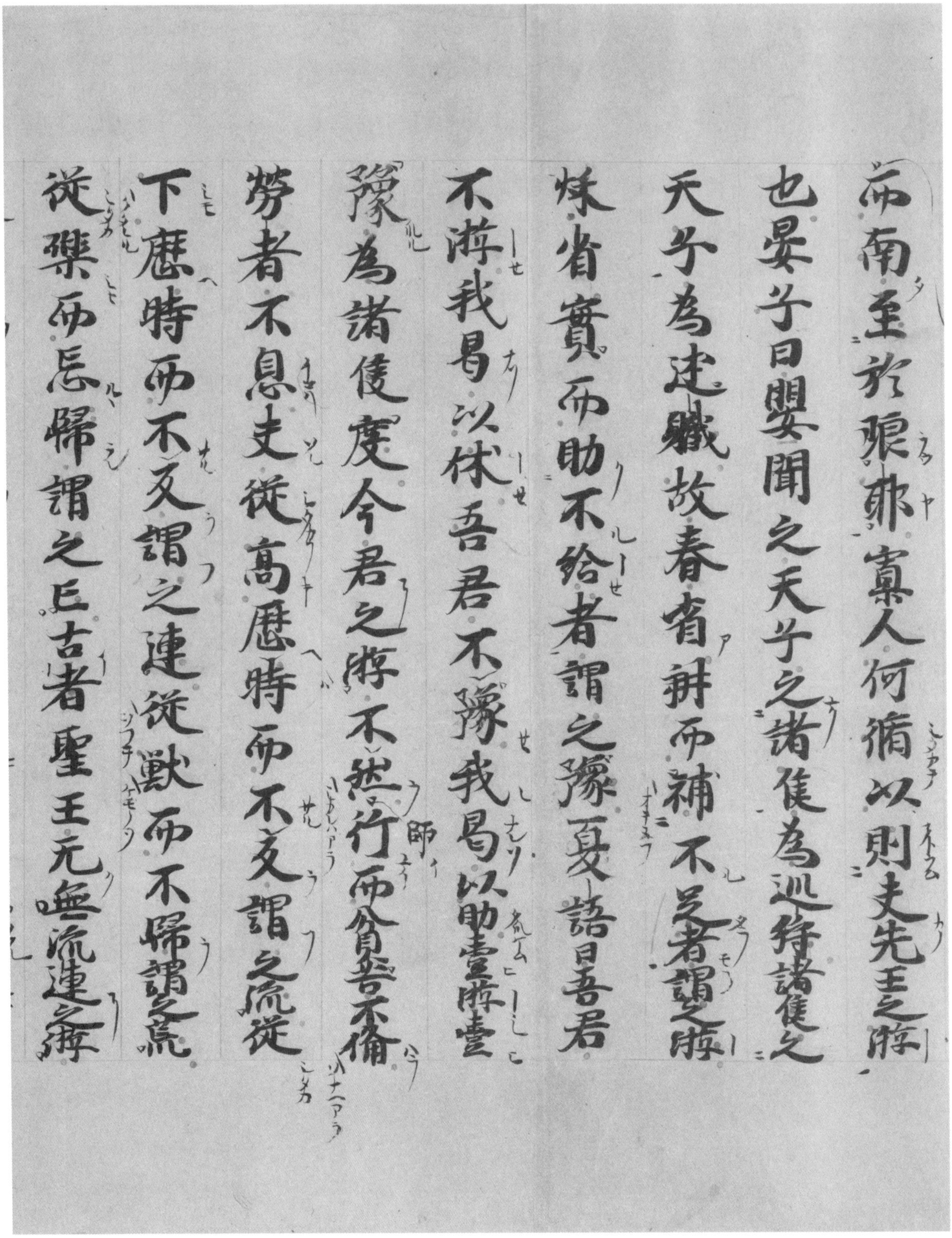
而南至於瑯邪寡人何脩以則夫先王之游
也晏子曰嬰聞之天子之諸侯為巡狩諸侯之
天子為述職故春省耕而補不足者謂之游
秋省實而助不給者謂之豫夏語曰吾君
不游我曷以休吾君不豫我曷以助壹游壹
豫為諸侯度今君之游不然行而貧苦不備
勞者不息夫從高歷時而不反謂之流從
下歷時而不反謂之連從獸而不歸謂之荒
從樂而忘歸謂之亡古者聖王元無流連之游

從樂而忘歸謂之亡古者聖王无流連之游
無亡之行公曰善令吏出粟以與貧者三
千鍾公所身見老者七十人然後歸景公閒晏
子曰寡人意氣衰身甚病今吾欲具珪
璧犧牲令祝宗薦之乎上下宗廟意者礼可以
干福乎晏子對曰嬰聞之古者先君之干福
也政必合乎民行必順乎神節宮室不敢大
斬伐以無偪山林節飲食無多田漁以無偪
川澤祝宗用事辭罪而不敢有所求也是

【第十八紙】

川浦祝宗用事辭罪而不敢有所求也是
以神民俱順而山川納祿今君政反乎民而行
悖乎神大宮室多斬伐以偪山林羨飲食多
田漁以偪川浦是以神民俱怨而山川收祿司
過薦至而祝宗祈福意者逆公曰寡人非夫
子無所聞此請革心易行於是廢公之海止
海食之獻斬伐者以時田漁者有數居處飲
食節之勿羨祝宗用事辭罪而不敢有所
求焉　景公問晏子曰寡人欲從夫子而善

【第十八紙】

求焉景公問晏子曰寡人欲從夫子而善齊國之政可乎對曰嬰聞之國有具官然後其政可善也作色不悅曰齊國雖小則可謂不具乎對曰昔吾先君桓公身體惰懈辭令不給則隰朋昵侍左右多過獄不中則弦寧昵侍田野不脩民萌不安則寗戚昵侍軍士惰戎士暴則王子城甫昵侍居處逸怠左右懾畏則東郭牙昵侍德義不中意行衰息則管子昵侍先君能以人之長續其短以

息則曾子聽侍先君能以人之長續其短以
人之厚補其薄是故諸侯朝其悳而天子
致胙焉今君之過失多矣未有一士以聞者也
故曰官不具公曰善景公問晏子曰昔吾先
君桓公從車三百乘九合諸侯一匡天下今
吾從車千乘可以逮先君桓公之後乎對曰桓
公從車三百乘九合諸侯一匡天下者左有
鮑叔右有仲父今君左為倡右為優讒人在
前諛人在後又焉可逮先君桓公之後乎高

【第十九紙】

前諫人在後又焉可逮先君桓公之後卑高
子問晏子曰子事靈公莊公景公皆敬子三
君一心耶夫子之心三耶對曰嬰聞一心可以
事百君三心不可以事一君故三君之心非一
心也而嬰之心非三心也
雜上　景公使晏子為阿宰三年而毀聞
於國公不悅召而免之晏子謝曰嬰知嬰之過
矣請復治阿三年而譽必聞於國公復使治
阿三年而譽聞於國公悅召而賞之辭而不受

阿三年而譽聞於國公恱召而賞之不受辭而
公問其故對日昔者嬰之治阿也築蹊徑急
門閭之政而淫民惡之舉儉力孝悌罰偷窳窳俞主反邪也
而惰民惡之決獄不避貴〻強〻惡之左右
之所求法則与非法則否而左右惡之事貴
人體不過礼而貴人惡之是以三邪毀乎外
二讒毀于内三年而毀聞乎君也今臣更之
不築蹊徑而緩門閭之政而淫民恱不舉
儉力孝悌不罰偷窳而惰民恱決獄阿貴

【第二十紙】

儉力孝悌不罸偷窳而惰民者吏獄阿貴
強而貴彊者左右所求言諾而左右者
事貴人體過禮而貴人者是以三邪譽
於外二讒譽乎內三年而譽聞於君也
昔者嬰之所以當誅者宜賞而今之所以當
賞者宜誅是故不敢受景公乃任以國
政焉景公正盡被髮乘六馬御婦人以
出正閨刖跪擊馬而反之曰尒非吾君也
跀斷足刑也 五刑之數 作刖々者 使守門跪 者刖者之 名也
公慚而不朝晏子入見景公曰昔者寡人有罪

【第二十紙】

使守門跪者刖者之名也

公慙而不朝晏子入見景公曰昔者寡人有罪
被髮乘六馬以出正門刖跪擊馬而反之曰
尒非吾君也寡人以天子大夫之賜得率百姓以
守宗廟今見戮於刖跪以辱社稷吾猶可
以齊於諸侯乎晏子對曰君勿惡焉臣聞之
下無直辭上有惰君民多諱言君有驕行
古者明君在上下多直辭君上好善民無
諱言今君有失行而刖跪禁之是君之福
也故臣來慶請賞之以明君之好善禮之

也故臣來慶請賞之以明君之好善礼之
以明君之受諫公笑曰可乎晏子曰可於是
令刑跪倍資无征時朝無事景公飲酒
夜移於晏子前駈款門曰君至晏子被玄立
於門曰諸侯得微有故乎國家得微有事
乎君何為非時而夜辱公曰酒醴之味金石
之聲願與夫子樂之晏子曰夫布薦席陳
簠簋者有人臣不敢与焉公曰移於司馬穰
苴之家前駈款門曰君至穰苴介冑操

【第二十一紙】

苴之家前驅欵門曰君至穰苴介冑操
戟立於門曰諸侯得微有兵乎大臣得微
有兵乎大臣得微有不服乎君何為非時
而來公曰酒醴之味金石之聲願与夫子
樂之穰苴對曰夫布薦席陳簠簋者有
人臣不敢与焉公移於梁丘據之家前驅
欵門曰君至梁丘據左擁琴右挈竽行歌
而至公曰樂哉今夕吾飲也微彼二子者何
以治吾國微此一臣者何以樂吾身

以治吾國欲此一臣者何以樂吾身
景公操雀鷇〻弱而反之晏子聞之不時
而入見北面再拜賀曰吾君有聖王之道
矣公曰寡人操雀鷇〻弱故反之其當聖
之道者何也晏子君操雀鷇〻弱故反之
是長幼也君曾禽獸之加焉而況乎人此
聖王之道也景公使養所愛馬暴病死
公令人操刀觧養馬者是時晏子侍前
右執刀而進晏子止之而問於公曰敢問古

【第二十二紙】

右執刀而進晏子止之而問於公曰敢問古
時堯舜支解人從何軀始公懼焉遂止曰
以屬獄晏子曰請數之使自知其罪然後
致之獄公曰可晏子數之曰汝有三罪公使
汝養馬殺之當死罪一也又殺公之所善馬
當死罪二也使公以一馬之故殺人百姓聞之
必怨吾君諸侯聞之必輕吾國汝殺公馬使
怨積於百姓兵弱於鄰國汝當死罪三也
令以屬獄公喟然曰赦之魯哀公失國走

令以屬獄公喟然曰赦之魯哀公失國走齊齊景公問焉曰子之遷位新矣道至于此乎哀公對曰吾少之時人多愛我者吾體不能親人多諫我者吾志不能用是以内无弼外無輔輔弼無一人諂諛我者甚衆譬之猶秋蓬也孤其根荄密其枝葉春氣至僨以揭也景公以其言語晏子曰使是湏反其國豈不為古之賢君乎晏子曰不然夫愚者多悔不肖者自賢溺者不問墜迷者不問路辟

不肖者自賢愚者不問遂迷者不問路辟
之猶臨難而遽鑄兵噎而遽掘井雖速亦
無及矣景公游於麦丘問其封人曰年幾何對
曰鄙人之年八十五矣公曰壽哉子其祝我
封人曰使君之年長於宜國家公曰善哉子
其復之封人曰使君壽皆若鄙臣之年公曰
善哉子其復之封人曰使君无得罪於民公
曰誠有鄙民得罪於君則可安有君得罪
於民者乎晏子對曰君過矣敢問桀紂

【第二十三紙】

餽居位丸位二反　説文曰吴人謂祭曰餽　未詳日餉也

於民者乎晏子對曰君過矣敢問槃紂
君誅乎民誅乎公曰寡人於是賜封人麦丘
以為邑晏子侍於景公朝寒日請進煖食
對曰嬰非君奉餽之臣也敢辭公曰請進服
裘對曰嬰非茵席之臣也敢辭公曰然夫子
之於寡人何為者也對曰社稷之臣公問社
稷之臣若何對曰能立社稷別上下之義使
當其理制百官之序使得其所作為辭令
可布於四方也自是之後君不以礼不見晏

可有於四方也自是之後君不以礼不見晏子
子雖下晏子朝乘弊車駑馬景公見之
曰夫子之祿寡耶何乘不佼之甚也晏子出公
使梁丘據遺之輅車乘馬三反不受公不悅趣
召晏〻子〻至公曰夫子不受寡人亦不乘對
曰君使臣監百官之吏臣節其衣服食飲之
之養以先齊國之民然猶恐侈靡而不顧行
也今輅車乘馬君乘之上也臣亦乘之下民
之無義侈其衣食而不顧其行者臣無禁

【第二十四紙】

之無義侈其衣食而不顧其行者臣無棄
之遂不受晏子相景公其論人也見賢即
進之不同君所欲見不善則廢之不避君所
愛行已無私言直而無諱景公游淄聞晏
子卒公乘而驅自以為遲下車而趨知不若
車之速則又乘比至於國者四下而趍行哭而
往至伏尸而號曰子大夫日夜責寡人不遺尺
寸寡人猶且淫逸而不收怨罪重積於百姓
今天降禍於齊國不加寡人而加之夫子齊

【第二十四紙】

今天降禍於齊國不加寡人而加之夫子齊
國之社稷危矣百姓將誰告乎晏子沒十
有七年景公飲諸大夫酒公射出質堂上
唱善若出一口公作色太息播弓矢弦章
入公曰章自吾失晏子於今十有七年未
嘗聞吾不善今射出質唱善者如出一口
弦章對曰此諸臣之不肖也智不足以知君不
善勇不足以犯君之顏然而有一焉臣聞君
之好則臣服之君嗜之則臣食之尺蠖食黃其

之好則臣服之君嗜之則臣食之尺蠖食黄其
身黄食蒼其身蒼君其猶有食諂人之
言乎公曰善

司馬法

古者以仁為本以義治
之之謂正（治民用兵乎亂討暴以義）人故殺人安人殺之可也（以殺上殺上可以生也）攻其
其國愛其民攻之可也（除民害去亂君也）以戰去戰雖
戰可也故仁見親義見悦智見恃勇見方信
見信（將有五材則民親悦恃方而信之也）故内得愛焉所以守也外得
威焉所以戰也（利加於民則守固威加敵民則戰勝）故戰道不違
時不歷民病所以愛吾民也（春秋興師為違時飢疫不行所以愛民也）

【第二十五紙】

時不歷民病所以愛吾民也春秋興師為違時飢疲不行所以愛也
不加喪不因凶所愛夫其民敵有喪飢疲不加兵愛彼民也
冬夏不興師所以兼愛民也大寒甚暑吏士懈倦雖以堅義大
寒以露則生外疾甚暑以暴則生內疾故不出師愛己彼之民也
故國雖大好戰必亡
天下雖平忘戰必危天下既平春蒐所爲又春獵也
秋獮振旅治兵所以不忘戰也古者逐
奔不遠從綏不過三舍不窮不能而
哀憐傷病是以明其仁也成列而鼓
爭義不爭利是以明其義也又能舍服是

爭義不爭利是以明其義也又能舍服是以明其勇也知始知終是以明其智也五慮以時合散以為民紀古之道也仁義勇智信兵之本隨時而施舍之為民綱紀之所傳政道也先王之治順天之道設地之宜官人之德而正名治物正者正官名也名正則可法立國辨職立國治民分守境界各治其職諸侯悅懷海外來服服從己也獄弭而兵寢聖德之治也其次賢王制禮樂法度乃作五刑興甲兵以討不義巡狩省方會諸侯考不同其有失命亂常背德逆天

【第二十六紙】

圮 皮美反 尚書曰方命圮族孔安国云圮毀也

會諸侯考不同其有失命乱常背悳逆天之時徧告于諸侯章明有罪天子正刑 刑者正天子之法也刑以征不義伐不從王者之法也 冢宰與伯布命于軍曰入罪國之地無暴神祇行無獵由無有暴虐無齊土功无燔屋無伐樹木無取六畜無取禾粟無取器械見其老幼奉歸勿傷雖遇壯者不挍勿敵敵若傷之醫藥歸之既誅有罪王及諸侯脩正其國舉賢更齊正復職 王者与四方諸侯伐无道之國整頓其民人舉賢良更立爲君奉尊王法復五官之職事也

古者逐

復職王者與四方諸侯伐无道之國整頓其民人舉賢良更立為君奉事王者復五官之職事也古者逐

奔不遠從綏不及所以示君子且有礼不

遠則難誘不及則難陥以礼為固以仁為勝

既勝之後其教可復是以君子貴之故礼

與法表裏也文與武左右也古者賢王明民

之悳盡民之善故无廢悳無簡民賞無所

生罰无所試也悳者民有一善愛一事故以能盡民之善無損棄民也能堪其事故賞罰無所施也

有虞氏不賞不罰而民可用至悳也夏賞

而不罰至教也殷罰而不賞至威也周以賞

而不罰至教也殺罰而不賞至威也周以賞罰息衰也賞不踰時欲民速得為善之利也賞功不移累罰罰不遷列欲民速覩不善之害也悪不轉列所以勸善懲悪欲速疾也大捷不賞上下皆不伐善也一軍皆勝上下俱不敢功也如不登矣上下不伐善上苟不伐善則不驕矣下苟不伐善若此讓之至也大敗不誅上下皆不善在己也一軍奔北人皆有罪故不誅上下俱有過失也上苟以不善在己必悔其過上下分悪若此讓之至也上下不敢其善君不驕下〻不求進也

孫子兵法

【第二十七紙】

孫子兵法

孫子曰凡用兵之法全國為上破國次之興兵深入長驅距其都邑絶其外内敵舉國來服為上以兵撃破敗得之為次也全軍為上破軍次之

全卒為上破卒次之是故百戰百勝非

善之善者也不戰而屈人之兵善之善者也未戰而敵自屈服也故上兵伐謀敵始有謀伐之易也其次伐交交將合也

其次伐兵兵形已成者也下攻城敵國已收其外糧城守攻之為下攻故善用

兵者屈人之兵而非戰也抜人之城而非攻

也毀人之國而不久也必以全爭於天下故兵

也。暇人之國，而不久也。必以全爭於天下，故兵
不頓而利可全也。兵形象水。水之行，避
高而就下。兵之形，避實而擊虛。故水因地
而制行，兵因敵而制勝。故兵无成勢，水無
常形。能與敵變化而取勝者，謂之神。
孫子曰：凡用兵之法，君命有所不受。苟便於事，不拘於君。
也。無恃其不來，恃吾有以能待之也。無恃
其不攻，恃吾之不可攻也。夫唯無慮而易
於敵者，必擒於人。故卒未附親而罰之，則

【第二十八紙】

512 於敵者必禽於人故卒未附親而罰之則

513 不服不服則難用也卒已附親而罰不行者

514 則不可用矣故合之以文齊之以武是謂必取

515 令素行則民服令素信者与衆相得也戰

516 道必勝主曰无戰必戰戰道不勝主曰必戰

517 无戰故進不求名退不避罪唯民是保而

518 利合於主國之寶也視卒如嬰兒故可与之

519 赴谿視卒如愛子故可与之俱死厚而不能

520 使愛而不能令亂而不能治（恩不可用罰不可獨任）譬若

使愛而不能令乱而不能治（恩不可用罰不可猶任）譬若
驕子不可用也知吾卒之可以擊而不知敵
之不可擊勝之半也知敵之可擊而不知吾
卒之不可以擊勝之半也知敵之可擊知吾
卒之可以擊而不知地形不可以戰勝之半也
（勝之半者未可知也）故曰知彼知己勝乃不殆知地知天勝
乃可全明主慮之良將脩之非利不起非得
不用非危不戰（不得已而用之）主不可以怒興軍將
不可以慍而戰合於利而用不合於利而止怒

不可以慍而戰合於利而用不合於利而止怒
可復喜慍可復悦亡國不可復存死者不可
復生也故曰明主慎之長将敬之此安國之
道也師興十万出師千里百姓之費公家之奉
日千金内外騷動不得操事者七十万家
八家為隣一家従軍七家奉之言十万之師不事不耕者凡七十万家也
相守數年以爭
一日之勝而愛爵禄百金於知敵之情者
不仁之至也非民之将也非主之佐也非勝
之主也故明主聖主賢君勝将所以動

【第二十九紙】

之主也故明主聖主賢君勝將所以動
而勝人成功出於衆者先知也先知不可
取於鬼神不可禱祀以求也不可象於事也不可以事
類求也不可驗於度不可以行事度也必取於人知敵
之情者也

群書治要卷第卅三

中七蓮華王院寶藏御本加校

申以蓮華王院寶藏御本加校
點了
直講清原

圖書寮
番號 117
冊數 48
函號 特 3

【第一紙】

群書治要巻第卅四　秘書監鉅鹿男臣魏徵等奉　敕撰

老子　鶡冠子

列子　墨子

老子道經

聖人處无爲之事 以道治也 行不言之教 以身師道

萬物作焉 各自動作 不辭 不辭謝而逆止之也 生而不有 元氣生萬物而不有

爲而不恃 道所施爲不恃望其報也 不尚賢 賢謂世俗

之賢者不貴之也 使民不爭 不爭功名反自然也 不貴難得之

之賢者不貴之也 使民不爭 不爭功名反自然也 不貴難得之貨 使民不為盜 上化清靜下無貪人也 不見可欲 放鄭聲遠美人 使心不亂 不邪淫也 是以聖人之治 說聖人治國與治身也 常使民無知無欲 反朴守淳 使知者不敢為也 思慮深不輕言 為無為 不造作動因循 則無不治 德化厚百姓安也

天地不仁 天施地化不以仁恩任自然也 以萬物為芻狗 天地生萬物視之如芻草狗畜不責望其報 聖人不仁 聖人愛養万民不以仁恩法天地行自然 以百姓為芻狗 金玉滿堂莫之能守 嗜欲傷神財多累身 富貴而驕還自遺咎 夫富當振貧貴當憐賤而反驕恣必被禍

【第二紙】

累身　富貴而驕還自遺咎　夫富當振貧貴當憐賤而反驕恣必被禍
患也　功成名遂身退天之道　言人所為功成事立名迹稱遂不退
身避位則遇於害此乃天之常道譬如日中則移月滿則虧物盛則衰樂極則哀也
五色令人目盲　貪淫好色則傷精失明　五音令人耳聾　好聽
五音則和氣去心之也　五味令人口爽　爽妄也人嗜於五味則口妄言失於道　馳
騁田獵令人心發狂　人精神好安靜馳騁呼吸精神散亡故發狂也　難
得之貨令人行妨　妨傷也難得之貨謂金銀珠玉心貪意欲則行傷身辱也
太上下知有之　太上謂太古无名之君也下知有之者下知上有君而不臣事質
朴淳也　其次親之譽之　其德可見恩惠可稱故親愛而譽之

【第三紙】

朴淳也　其次親之譽之　其德可見恩惠可稱故親而譽之

其次畏之　設刑法以治之　其次侮之　禁多令煩不可歸誠欺侮之也

信不足焉有不信焉　君信不足於下下則應之以不信而欺其君也

絶巧棄利　絶巧詐也棄利塞貪路也　盗賊无有　上化公正下無邪私也　以爲

文不足　文不足以教民也　見素抱樸　抱素守真見其篤朴　少私

寡欲　曲則全　曲己從衆不自專則全也　枉則直窪則盈　地窪下水流之人謙下德歸之

弊則新　自受弊薄後己先人天下敬之久自新也　少則得　自受少則得多

多則惑　財多者惑於守身學多者惑於所聞也　是以聖人抱一

爲天下式　抱守也式法也聖人守一乃知萬事故能爲天下法式也　不自見

樸大書作朴

爲天下式　抱守也式法也聖人守一乃知萬事故能爲天下法式也　不自

見故明　聖人因天下之目以視故能明達　不自是故彰　聖人不自

爲是而非人故能彰顯於世　不自伐故有功　聖人德化流行不自取其美故

美故有功於天下也　不自矜故長　聖人不自貴大故能長久不危也　夫

唯不爭故天下莫能與之爭　此言天下賢與不肖

无能與不爭者爭　飄風不終朝驟雨不終日　飄風疾風

也驟雨暴雨也言疾不能長暴不能久也　孰爲此者天地也　孰誰也

天地尚不能久而況於人乎　天地至神合爲飄風暴雨

注云從爲也

尚不能使終朝至暮況人欲爲暴卒者乎　故從事於道　人爲事當如道安靜

【第四紙】

注云從為也

尚不能使終朝至暮況人欲為暴卒者乎 故從事於道 人為事當如道安靜

不當如飄風驟雨也 自見者不明 人自見其形容以為好自見所行以為應道殊行之不自知其形醜

鄙也 自是者不彰 自以為是而非人衆人共蔽之使不得彰明也 自伐者

无功 所為輒自伐則失有功也 自矜者不長 好自矜者不以久長 故有

道者不處 道大天大地大王亦大 天大者无

不蓋地大者无不載王大者无不制道者无不容也 域中有四大而王居

其一焉 八極之内有四大王居其一也 人法地 人當法地安靜和柔也勞而不怨有功而

不宣 地法天 施而不求報生長万物无所收取 天法道 清靜不言万物自成

道法自然 道性自然无所法也 重為輕根 人君不重則不尊治身不重則失神

道法自然　道性自然，无所法也。重為軽根　人君不重則不尊，治身不重則失神。
静為躁君　人君不静則失威，治身不静則身危。奈何萬乗之主
奈何者，疾時主傷痛之。而以身軽於天下　疾時王者奢恣軽淫也。軽則
失臣　王者軽淫則失其臣，治身軽淫則失其精。躁則失君　王者行躁疾則失其
君位，治身躁疾則失其精神也。聖人常善救人　聖人所以常教人忠孝者，欲以
救人性命也。故无棄人　使貴賤各得其所也。常善救物　聖人所以
教民順四時，以救万物之殘傷也。故无棄物　不賤石而貴玉。善人者不
善人之師也　人之行善者，聖人即以為人師也。不善人者善
人之資　資，用也。人行不善，聖人教道使為善，得以給用也。不愛其資　无所使也。

【第五紙】

人之資 資用也人行不善聖人教道使為善得以給用 不愛其資 无所使也
雖智大迷 雖自以為智言此人乃大迷惑 是謂要妙 能通此意是謂知微
妙要道 知其雄守其雌為天下谿 雄以喻尊雌以喻卑 為天
人雖自知尊顯當復守之以卑微去雄之強梁就雌之柔和是則天下歸之如水之流深谿
下谿常德不離 人能謙下如深谿則德常在不復離已 知其白
守其黑為天下式 白以喻昭昭黑以喻默默人雖自知昭昭明達當復守之
以默默如闇昧无所見如是則可為天下法式也 為天下式常德不忒 人能為天
下法式則德常在不復差忒也 知其榮守其辱為天下谷
知己之有榮貴當守之以汙濁如是則天下歸之如水流深谷也 將欲取天下 欲為天下

知己之有榮貴，常守之以汙濁，如是則天下之歸如水流深谷也。

將欲取天下欲為天下主也。而為之，欲以有為治民也。吾見其不得已。我見其不得天道人心明矣。天道惡煩濁，人心惡多欲。

天下神器，不可為也。器，物也。人乃天下之神物也。神物好安靜，不可以有為治也。為者敗之，以有為治之，則敗其質性也。執者失也。強執教之，則失其情實，生於詐偽也。

是以聖人去甚、去奢、去泰。甚謂貪淫聲色也，奢謂服飾飲食也，泰謂宮室臺榭也。去此三者，處中和，行無為，則天下自化也。

以道佐人主，謂人主能以道自輔佐也。不以強兵於天下，順天任德，敵人自服也。師之所處，荊棘生焉。農事廢，田不脩。大軍之後，必有凶年。天應之以

生焉農事廢田不修大軍之後必有凶年天應之以
惡氣即害五穀也善者果而已行善者當果敢而已不休也不敢
以取強不敢以果敢取強大之名果而勿矜當果敢謙卑勿自矜大
果而勿伐當果敢推讓勿自伐也果而勿驕驕欺勿以驕欺也
果而勿強果敢勿以為強以侵凌人也兵者不祥之器兵革
者不善之器也非君子之器不得已而用之謂遭衰逢
亂乃用之以自守也恬惔為上不貪土地利人財寶勝而不美雖得
勝不以為利美而美之者是樂殺人也美得勝者是為樂殺人也
夫樂殺人者則不可以得志於天下矣

【第六紙】

夫樂殺人者則不可以得志於天下矣吉
事上左 左生位 凶事上右 陰道殺也 偏將軍處左
偏將軍卑而居陽者以其不專殺也 上將軍處右 上將軍尊居右以其殺也
言以喪禮處之 喪礼上右 殺人衆多以悲哀泣
之 傷己德薄不能以道化人而害无辜之臣 戰勝則以喪礼處
之 古者戰勝將軍居喪主之位素服而哭之明君子貴德而賤兵不得已誅不祥心不樂之比於喪也
知人者智 能知人好惡是智 自知者明 人能自知賢不肖是為反聽无聲內
視无形故為明也 勝人者有力 能勝人者不過以威力也 自勝者彊 人能
已情欲則天下无有能與己爭者故為彊也 知足者富 人能知之為足則保福祿故為富也

已情欲則天下无有能與已爭者故為強也知足者富人能知之為足則保福祿故為富也
強行者則有志人能強力行善則為有意於道不失其所
者久人能自節養不失其所則可以久也死而不亡者壽目不妄視
耳不妄聽口不妄語則无怨惡於天下故長壽也道常無為无不為道以无
為常也侯王而能守之万物將自化言侯王而
能守道万物將自化効於己也

悳經

上悳不悳上悳謂太古无名号之君悳大无名故言上悳也因循自然養人性命其悳不
見故言不悳也是以有悳言其悳合於天地和氣流行民得以全也下悳不

【第七紙】

見故言不德也　是以有德　言其德合於天地和氣流行民得以全也　下德不失德　下德謂号謚之君德不及上德故言下德也不失德者其德可見其功可稱也　是以无德　以有名号及其身故也　上德无為　言法道安靜无所政為也　而無以為　言无以名号為也　下德為之　言為教令施政事也　而有以為　言以為己取名号　前識者道之華　不知而言知為前識也　此人失道之實得道之華　而愚之始　言前識之人愚闇之倡始也　是以大丈夫處其厚　大丈夫謂道德之君也處其厚者處身於敦樸　不處其薄　不處身違道為世煩亂也　處其實　處忠信也　不處其華　不上言也

而無不為也　述義曰本或作而無不為義亦通云云

其華 不上言也
昔之得一者 昔往也一无為 天得一以清地得一
以寧 言天得一故能垂象清明地得一故能安靜不動揺 神得一以靈
言神得一故能變化无形 谷得一以盈 言谷得一故盈滿而不絶 萬物
得一以生 言萬物皆須道生也 侯王得一以為天
下貞 言侯王得一故能為天下平正也 天無以清將恐裂 言
天當有陰陽晝夜不可但欲清明无已時將恐分裂不為天也 地无以寧將
恐發 言地當有高下剛柔不可但欲安靜无已時將恐發洩不為地 神无以
靈將恐歇 言神當有王相休癈不可但欲靈无已時將恐虚歇不為神 谷无以盈

靈將恐歇 言神當有王相休廢不可但欲靈无已時將恐虛歇不爲神 谷无以盈
將恐竭 言谷當有盈縮虛實不可但欲盈滿无已時將恐枯竭不爲谷 萬物无
以生將恐滅 言萬物當隨時死生不可常生將恐滅亡不爲物也 侯王无
以貴高將恐蹷 言侯王當屈己下人汲汲求賢不可但欲貴高於人將恐顛蹷
失其位也 故貴必以賤爲本 言必欲尊當以薄賤爲本若禹稷躬稼舜陶河濱
周公下白屋也 高必以下爲基 言必欲尊貴當以下爲本 是以侯
王自稱孤寡不轂 孤寡喻孤獨不轂喻不能如車轂爲衆輻所湊也 此
其以賤爲本 侯王至尊貴能以孤寡自稱此非以賤爲本乎 人之所
惡唯孤寡不轂而王公以爲稱 孤寡不轂不祥之名

【第八紙】

惡唯孤寡不穀而王公以為稱孤寡不穀不祥之名
而王公以為稱者處謙法空虛和柔故物或損之而益引之不得推讓
遜或益之而損夫增高者崩貪富者得患人之所教謂衆人所
以教去弱為強去柔為對也我亦教人言我教衆人使去強為弱去對為柔也強
梁者不得其死強梁者高勢任力為天所絕兵刃所伐不得以命死也吾
將以為教父父始也老子以強梁之人為教戒之始天下之至
柔馳騁天下之至堅至柔者水也至堅者金石也水能貫堅入剛无所
不通也无有入於无間无有謂道也道无形質故能出入无間通神羣生
不言之教法道不言師之以身也无為之益法道无為治身有益

不言之教 法道不言師之以身也 无爲之益 法道无爲治身有益
精神治國則有益萬民不勞煩 天下希及之 天下謂人主也希能有及
道无爲之治身治國也 甚愛必大費 甚愛色者費精神甚愛財者遇禍患
所愛者少所亡者多故言大費 多藏必厚亡 生多藏於府庫死多藏於
丘墓生有攻劫之憂死有掘冢探柩之患也 知足不辱 知足之人絶利去欲不辱
於身也 知止不殆 知可止財利不累於身聲色不亂於耳目則終身不危殆 可以
長久 人能知止足則福祿在已治身者神不勞治國者人不擾故可長久 大成若
缺 謂道德大成之君也如缺者滅名藏譽如毀缺不備 其用不弊 其用心如
是則无弊盡時也 大盈若沖 謂道德大盈之君也如沖者貴不敢驕富不

【第九紙】

是則无弊盡時也　大盈若沖　謂道德大盈滿之君也　如沖者貴不敢驕冨不敢奢也　其用不窮　其用心如是則无窮盡　大直若屈　直謂脩道法度正直如一也　如屈者不與俗人爭如可屈折也　大巧若拙　大巧謂多才術也　如拙者亦不敢見其能也　大辯若訥　大辯知无疑也　如訥者无口辭也　清靜以爲天下正　能清能靜則天下長　持正則无終已時也　天下有道　謂人主有道也　却走馬以糞　糞者糞田也兵甲不用　却走馬以治農田也　天下无道　謂人主无道也　戎馬生於郊　戰伐不止戎馬生於郊境之上久不還也　罪莫大於可欲　好淫色也　禍莫大於不知足

罪莫大於可欲〔好淫色也〕禍莫大於不知足〔富貴不能自禁止也〕咎莫大於欲得〔欲得人物利且貪〕故知足之常足矣〔无欲心也〕

不出戸以知天下〔聖人不出戸以知天下者以己身知人身以己家知人家所以見天下矣〕不窺牖以見天道〔天道与人道同人君清静天氣自正人君多欲天氣煩濁吉凶利害皆由於己也〕其出弥遠其知弥少〔謂去其家觀人家去其身觀人身所觀益遠所見益少也〕是以聖人不行而知不見而名〔上好道下好德上好武下好力聖人原小知大察内知外也〕不為而成〔上无所為則下无事家給人足物自化也〕損之又損之

不爲而成上无所爲則下无事家給人足物自化也損之又損之
損情欲又損之所漸去之以至於无〻爲〻而无不爲
情欲斷絶德與道合則无所不施无所不爲取天下常以无事取治也
天下常當以无事不當勞煩也民及其有事不足以取天下
及其好有事則政教煩民不安故不足以治天下也聖人无常心聖人重改更貴因循
若自无心也以百姓心爲心百姓心之所便因而從之善者吾善
之百姓爲善聖人因而善之不善者吾亦善之百姓爲不善聖
人化之使爲善信者吾信之百姓爲信聖人因而信之不信者吾
亦信之百姓爲不信聖人化之使信也生而不有道生萬物不有取以

【第十紙】

亦信之　百姓為不信聖人化之使信也　生而不有　道生萬物不有取以為利　為而不恃　道所施為不恃望其報也　長而不宰　道長養萬物不宰割以為利用也　是謂玄意　道之所行恩意玄闇不可得見也　大道甚夷　夷平易也　而民好徑　徑邪不平也大道甚平易而人好從邪不平也　朝甚除　高臺榭宮室脩　田甚蕪　農事廢不耕治　倉甚虛　五穀傷害國无儲也　服文綵　好飾偽貴外華　帶利劍　尚武且奢　厭飲食財貨有餘　多嗜欲无足時　是謂盜夸　百姓不足而君有餘者是猶劫盜以為服飾持行夸人不知身死家破親戚并隨之也　非道也哉　人君所行如是此非道也　善建者不拔　建立也善以道立身立國者不可得引拔也

人君所行如是此非道也善建者不拔建立也善以道立身立國者不可得引拔也
脩之於身其德乃真循道於身愛氣養神其德如是乃為真人
【第十一紙】
脩之於家其德乃餘脩道於家父慈子孝兄友弟順夫信妻貞其德如是乃有餘慶
【第十二紙】
脩之於鄉其德乃長脩道於鄉尊敬長老愛養幼少其德如是乃无不
及脩之於國其德乃豐脩道於國則君信臣忠政平无私其德如
是乃為豐厚脩之於天下其德乃普人主脩道於天下不言而
化不教而治下之應上信如影響其德如是乃為普博天下多忌諱而民
彌貧天下謂人主也忌諱者防禁也令煩則姦生禁多則下詐相殆故貧也民多利
器國家滋昏利器者權也民多權則視者眩於目聽者惑於耳上下不親故國家昏亂也

【第十三紙】

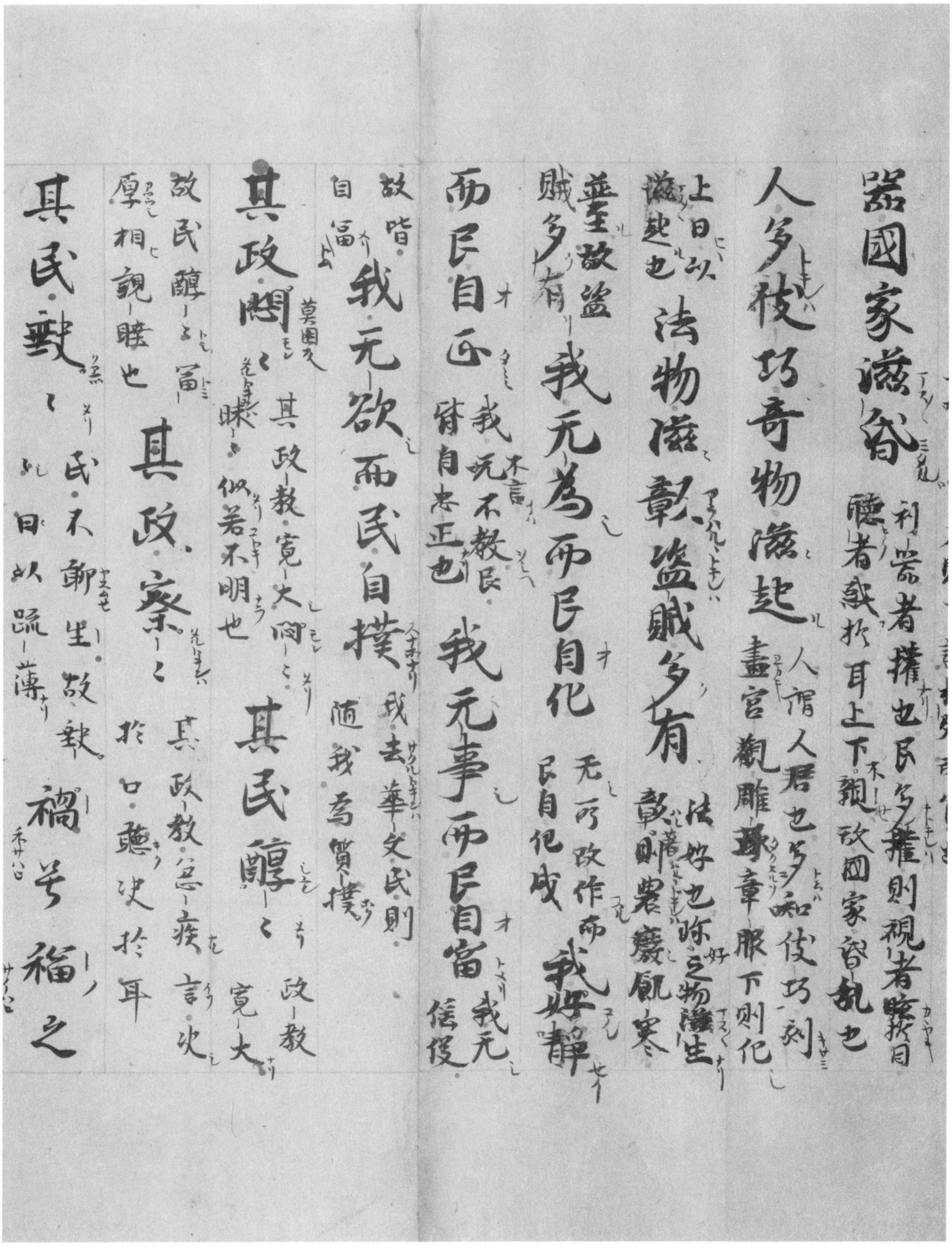
器國家滋昏　利器者權也民多權則視者眩於目聽者惑於耳上下不親故國家昏亂也
人多伎巧奇物滋起　人謂人君也多知伎巧刻畫宮觀雕琢章服下則化
上日以滋起也　法物滋彰盗賊多有　法好也珍好之物滋生彰著則農事廢飢寒
並至故盗賊多有　我无為而民自化　无所改作而民自化成　我好靜
而民自正　我无不教民皆自忠正也　我无事而民自富　我无徭役
故皆自富也　我无欲而民自樸　我去華文民則隨我為質樸
其政悶悶　其政教寬大悶悶昧昧似若不明也　其民醇醇　政教寬大
故民醇醇富厚相親睦也　其政察察　其政教急疾言決於口聽決於耳
其民缺缺　民不聊生故缺缺日以疏薄　禍兮福之

【第十四紙】

其民缺缺 民不聊生故缺缺日以疏薄 禍兮福之

所倚 倚因也夫福因禍而生人遭禍而能悔過責己修善行道則禍去福來

福兮禍之所伏 禍伏匿於福中人得福而為驕恣則福去禍來

孰知其極 禍福更相生无能知其窮極時也

治大國若烹小鮮 鮮魚也烹小魚不敢擾恐其糜也治國煩則下亂治身煩則

精散也 以道莅天下者其鬼不神 以道德居位治

天下則鬼不敢見其精神以犯人也 非其鬼不神其神不傷

人 其鬼非无精神邪不入正不能傷自然之民也 非其神不傷人

聖人亦不傷人 非鬼神不能傷害人以聖人在位不傷害人故鬼不敢

聖人亦不傷人　非鬼神不能傷害人以聖人在位不傷害人故鬼不敢
敢干也
道者萬物之奧　奧藏也道為万物之藏无所不容　善人
之寶也　善人以道為身寶不敢違　不善人之所保　道者不善
人之所保倚也遭患逢急猶知自悔卑下　故為天下貴　无不覆濟恬然无為
故可為天下貴　為无為　无所造作　事无事　除煩省事　味无味
深思遠慮味道意也　報怨以悳　脩道行善絕禍於未生也　圖難於其
易　欲圖難事當於易時未及成也　為大於其細　欲為大事必作於小
禍亂從小來也　天下難事必作於易天下大事

【第十五紙】

禍亂從小來也 天下難事必作於易，天下大事必作於細。是以聖人終不為大，處謙虛也 故能成其大。天下共歸之也 夫輕諾必寡信，不重言也 多易必多難。不慎患也 是以聖人猶難之，聖人動作舉事猶進退重難之，欲塞其源也 故終无難。聖人終身无患難之事，由避害深也 其安易持，治身治國安靜者易守持也 其未兆易謀，情欲禍患未有形兆時易謀止 其脆易破，禍亂未動於朝，情欲未見於色，如脆弱易破除也 其微易散，其未彰著微小易散去也 為之於未有，欲有所為，當以未有萌芽之時塞其端也 治之於未亂，治身治國於未亂之時當豫閉

為則本

所為當以未有萠芽之時塞其端也治之於未亂治身治國於未亂之時當豫閉
其門也合抱之木生於豪末從小成大九層之臺
起於累土從卑立高千里之行始於足下
從近至遠為者敗之有為於事廢於自然執者失之執利
遇患妄持不得推讓反逆聖人无為故无敗聖人不為華文不為利不
為殘賊故无敗壞也民之從事常於幾成而敗之從為
也民人為事常於其功意幾成而貪位好名奢泰盈滿而敗之也
慎終如始則无敗事終當如始不當懈怠是以聖人欲不欲聖人欲人所不欲人
欲文飾聖人欲質樸人欲於色聖人欲於德不貴難得之貨聖人不賤石而

欲文飾聖人欲質樸人欲於色聖人欲於德不貴難得貨聖人不賤石而
貴玉也學不學聖人學人所不能學人學智詐聖人學自然人學治世聖人學治身
復衆人之所過衆人學問反過本為末過實為華復之者使反本以
輔萬物之自然教人反本實者欲以輔萬物自然之性也而不敢
為焉聖人動作因循不敢有所造為恐遠本古之善為道者
説古之善以道治身及治國者非以明民非以道教民明智姧巧將以愚
之將以道意教民使質樸不詐偽也民之難治以其知多智太
多而巧偽也以智治國國之賊使智慧之人治國政遠道意妄作威福為
國之賊不以智治國國之福不使智慧之人知國之政事則民守

【第十六紙】

國之賊不以智治國〻之福（不使智惠之人知國之政事則民守正直上下相親故為國之福也）

江海所以能為百谷王以其善下之（江海以卑下故衆流歸之若民歸就王者）是以聖人欲上人（欲在民之上也）必以言下之（法江海處謙虚）欲先民（欲在民之前也）必以身後之（先人而後己也）是以聖人處上而民不重（聖人在民上為主不以尊貴虐下故民戴仰不以為重也）處前而民不害（聖人在民前不以光明蔽後民親之若父母元有欲害之者）

我有三寶持而保之（老子言我有三寶把持而保倚之）一曰慈（愛百姓若赤子）二曰

而保之 老子言我有三寶抱持而保倚之 一曰慈 愛百姓若赤子 二曰
儉 賦歛若取之於己 三曰不敢為天下先 執謙退不為唱始也
慈故能勇 以慈仁故能勇於忠孝 儉故能廣 身能節儉故民
日用廣也 不敢為天下先故能成器長 成器長謂得
道人也我能為道人之長也 今舍慈且勇 今世人舍慈仁且但為勇武 舍
儉且廣 舍其儉約但為奢泰 舍後且先 舍其後己但為人先 死
矣 所行如此動入死道 夫慈以戰則勝以守則固 夫慈仁者百姓
親附故戰則勝敵以守衛則堅固也 用兵有言 陳用兵之道老子疾時用兵故託己設
其義也 吾不敢為主 主先也不敢先舉兵也 而為客 客者和而
不

【第十七紙】

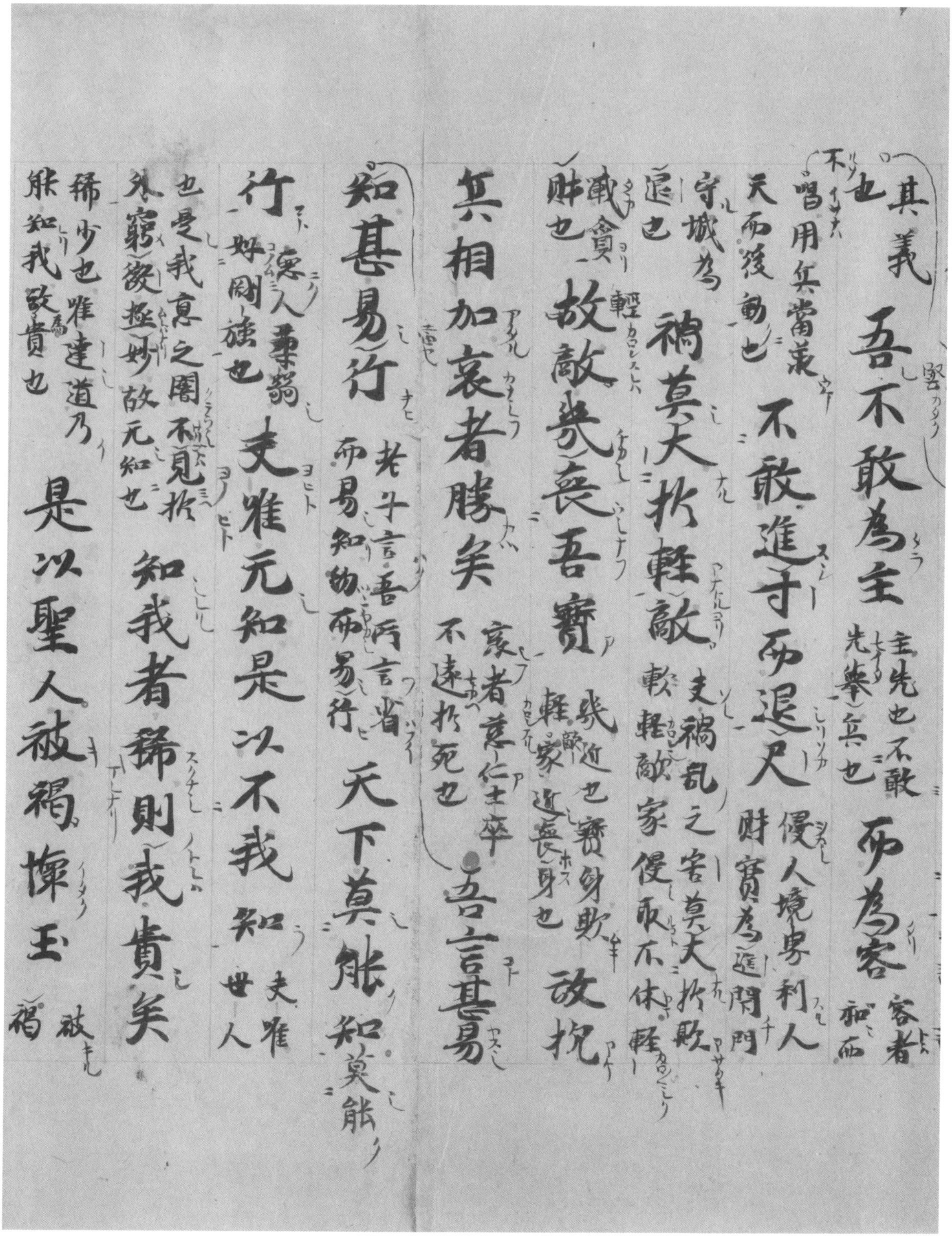

其義　吾不敢為主　主先也不敢先舉兵也　而為客　客者和而
不唱用兵當承天而後動也　不敢進寸而退尺　侵人境界利人財寶為進閉門
守城為退也　禍莫大於輕敵　夫禍亂之害莫大於欺輕敵家侵取不休輕
戰貪財也　故敵幾喪吾寶　幾近也寶身也欺輕敵家近喪身也　故抗
兵相加哀者勝矣　哀者慈仁士卒不遠於死也　吾言甚易
知甚易行　老子言吾所言省而易知約而易行　天下莫能知莫能
行　惡人柔弱好剛強也　夫唯元知是以不我知　夫唯世人
也是我德之闇不見於外窮微極妙故元知也　知我者希則我貴矣
希少也唯達道乃能知我故為貴也　是以聖人被褐懷玉　被褐

稀少也唯達道乃能知我故貴也　是以聖人被褐懷玉　被褐
者薄外懷玉者厚内也匿寶藏德為貴也　天道不爭而善勝　天不
與人爭貴賤而人畏之也　不言而善應　天不言万物自動以應時　不召
而自來　天不呼召萬物皆負陰而向陽也　繟然而善謀　繟寬也天道雖寬博
善謀慮人事修善行惡各蒙其報　天網恢恢疏而不失　天所羅網恢恢
甚大雖疏遠司察人善惡無有所失　民不畏死　治國者刑罰酷深民不聊生故不畏
死也治身者嗜欲傷神貪財殺身不知畏之　奈何以死懼之　人君不寬其刑
罰教人去情欲奈何設刑罰法以死懼之　若使民常畏死　當除己之所殘剋教
民去利欲　而為奇者吾得執而殺之孰敢矣　以道教化

民去利欲而爲者吾得執而殺之孰敢矣以道教化

而民不從反爲奇巧乃應王法執而殺之誰敢有犯者老子傷時王不先道德化之而先刑罰也

民之飢以其上食稅之多人民所以飢寒者以其君上稅食下

太多是以飢民之難治以其上之有爲人民

所以不可治者以其君上多欲好有爲是以難治其民化上有爲情僞難治也人

之輕死以其求生之厚人民所以輕犯死者以其求生活之道太厚

貪利以自危也是以輕死以求生太厚之故輕入死地也夫唯无以生

爲者是賢於貴生也夫唯獨无以生爲務者爵祿不干於意財利不入

於身天子不得臣諸侯不得使則賢於貴生者也聖人執左契古者聖人无文

【第十八紙】

於身天子不得臣諸侯不得使則賢於貴生者也聖人執左契古者聖人无文
書法律刻契合符以為信也而不責於人但刻契信不責人以他事也
有德司契有德之君司察契信而已无德司徹无德之君背其契信
司人所失也天道无親常與善人天道无有親疏唯與善人
則與司契者也
小國寡民聖人雖治大國猶以為小儉約不奢泰民雖衆猶若寡之不勞也使民
重死君能為人興利除害各得其所則民重死而貪生也不遠徙政令不煩則民
安其業故不遠遷離其常處也雖有輿舟无所乘之清靜无為
不好出入雖有甲兵无所陳之无怨惡於天下甘其食

不好出入雖有甲兵无所陳之无怨惡於天下甘其食甘其蔬食不漁食百姓也美其衣美其惡衣不貴五色安其居安其茅茨不好文飾之屋樂其俗樂其質樸之俗鄰國相望鶏狗之聲相聞相去近也民至老至死不相往来无情欲也聖人不積聖人積惠不積財有惠以教愚有財以與貧既以為人已愈有既以財賄布施與人財益多如日月之光无有盡時天之道利而不害天生萬物愛育之令長大无所害也聖人之道為而不争聖人法天所施為化成事就不與下爭功名故能全其聖功也

鶡冠子博選

【第十九紙】

鶡冠子博選

博選者序意程後也道凡四稽一曰天
二曰地三曰人四曰命人有五至一曰百己二曰十
己三曰若己四曰廝役五曰徒隸所謂天者
理物情者也所謂地者常弗去者也所謂
人者惡死樂生者也所謂命者靡不在
君者也君也者端神明者也神明者以人
為本人者以賢聖為本賢聖以博選為
本博選者以五至為本故北面事之則百

嘻 ヒヒ反 文飽出息也 於其反 痛傷之聲也
啫 子夜反 嗚也

本博選者以五至為本故北面事之則百己者至先趍而後息先問而後默則十己者至人趍己趍則己者至馮几據杖指麾而使則廝役者至嘻啫叱則徒隸人至矣故帝者與師處王者與友處亡主与役處著希夫君子者易親而難狎畏禍而難刦嗜利而不為非時動靜而不苟作體雖安之而弗敢處然後禮生焉心雖欲之而弗敢言然後義生焉夫義節

雖欲之而弗敢言然後義生焉夫義節
欲而治禮文情而辨者也
世賢
悼襄王問龐煖曰夫君人者亦有為其
為其國乎龐煖曰王獨不聞俞柎之為醫
乎已識必治神避之昔堯之任人不用親
戚而必使能其治病也不任所愛必使舊
醫襄主曰善龐煖曰王其忌之乎昔伊
尹醫殷太公醫周百里醫秦申麃醫

【第二十紙】

尹醫殺太公醫周百里醫秦申麃醫
郢原季醫晉范蠡醫越管仲醫齊而
立五國霸其善一也然道不同數襄王曰
願聞其數煖曰王獨不聞魏文侯之問扁
鵲耶曰子昆弟三人其孰冣善爲醫扁鵲
曰長兄冣善中兄次之扁鵲冣爲下也文
侯曰可得聞耶扁鵲曰長兄於病視神未
有形而除之故名不出於家中兄治病其在
毫毛故名不出於閭若扁鵲者鑱血脈投

豪毛故名不出於閭若扁鵲者鑱血脉投
毒藥副肌膚而名出聞於諸侯魏文侯
善使管子行醫術以扁鵲之道則桓公
幾成其霸乎

列子 禦寇

子列子曰天地無全功聖人無全能萬物無
全用 全猶備也 故天職生覆地職形載聖職教
化物職所宜 職主也生各有性々各有宜 然則天有所短地有
所長聖有所否物有所通 生職適於一方者餘塗則閡矣 形各有所

【第二十一紙】

所長聖有所否物有所通夫職適於一方者餘塗閉矣形各有所
分聲各有所屬若溫也則不能涼宮也則不能商何則生覆者不能形〻
載〻者不能教〻化〻者不違所宜〻定者
不出所位皆有素分不可逆也故天地之道非陰陽則
聖人之教非仁則義萬物之宜非側則柔
此皆隨所宜而不能出所位者也方圓靜躁理不得兼
殷湯問
大禹曰六合之間四海之內照之以日月經之以
星辰紀之以四時要之以太歲神靈所生其

星辰紀之以四時要之以太歳神靈所生其物異形或夭或壽唯聖人能通其道聖人順天地之道用万物之性任其所適通其所逹使群異各得其方壽夭盡其分

力命

管夷吾有病小白問之曰仲父之病〻矣至於大病則寡人惡乎屬國而可夷吾曰公誰欲歟小白曰鮑叔牙可曰不可其為人絜廉善士清己而已其於不己若者不比之人欲以己善齊物也一聞人之過終身不忘不能棄瑕録善使之治國

一聞人之過終身不忘不能棄瑕録善使之治國上且鉤乎君下且逆乎民如君令其道不一於道苟不弘則逆其民而不能納矣其得罪於君將弗久矣小白曰然則孰可對曰勿已則隰朋可其爲人也愧不若黄帝而哀不已若者慙其道之不及聖矜其民不逮己故能無棄人也以德分人謂之聖人化之使合道而不宰割以財分人謂之賢人既以與人己愈有也以賢臨人未有得人者也求備於人則物所不與也以賢下人者未有不得人者也與物升降者物必歸之也其於國有不聞也其於家有不見

【第二十二紙】

者物必歸之也其於國有不聞也其於家有不見也（道行則不賴聞見故曰不瞽不聾不能成功）勿已則隱朋可（若有聞見則事鍾於己而聾生无所借手足故遣之可未能盡道故僅可耳）然則管夷吾非薄鮑叔也不得不薄非厚隰朋也不得不厚厚之薄之去来非由我也（皆天理也）晉國苦盜有郤雍者能視盜之貌察其眉

【第二十三紙】

睫之間而得其情晉侯使視盜千里無遺一焉晉侯大喜告趙文子曰吾得一人而一國盜為盡矣用多為文子曰吾恃伺察而

盜為盡矣用多為文子曰吾時伺察而
盜之不盡矣且郄雍必不得其死焉俄而
群盜謀曰吾所窮者郄雍也遂共盜而殘
殺之也晉侯聞而大駭召文子而告之曰果如
子言郄雍死然取盜何方文子曰周諺有言
察見淵魚者不祥智料隱匿者有殃且君
欲無盜莫若舉賢而任之使教明於上化
行於下人有恥心則何盜之為於是用隨
會智政而群盜奔秦焉用聰明以察是非者群詐之所逃用先識

【第二十四紙】

會稽獻而羣盜奔秦焉（用聰明以察是非者，羣詐之所逃；用必識以擿姧伏者，衆惡之所疾。智之患，豈虛也哉。）

擿

孔子自衛反魯，息駕乎河梁而觀焉。其懸水卅刃，圜流九十里，魚鼈弗能遊，黿鼉弗能居。有丈夫方將厲之，孔子使人止之曰：此懸水卅刃，圜流九十里，魚鼈黿鼉弗能居也。意者難可以濟乎。丈夫不以措意，遂度而出。孔子問之曰：巧乎。有道術乎。所以能入而出者何也。丈夫對曰：始吾之入也，先以忠信而出者何也丈夫對曰始吾之入也先以忠信吾之出也又從以忠信措吾軀於波流而吾不敢用私所以能入而復出者以此也孔子謂弟子曰二三子識之水且猶可以忠信親之而況人乎楚莊王問詹何曰治國奈何詹何善隱者也詹對曰何明於治身而不明於治國也楚王曰寡人得奉宗廟社稷學所以守之詹何對曰臣未甞聞身治而國亂者也又未甞聞身亂而國治者也故本在身不敢對以末

聞身亂而國治者也故本在身不敢對以末
楚王曰善
墨子　所染　墨翟
子墨子見染絲者而歎曰染於蒼則蒼染
於黄則黄所入者變其色亦變故染不可不
慎耶非獨染絲然也國亦有染舜染於許
伯陽禹染於臯陶伯益湯染於伊尹仲虺武
王染於太公周公此四王者所染當故王天
下立為天子功名蔽天地舉天下之仁義

【第二十五紙】

下立爲天子功名蔽天地舉天下之仁義顯人必稱此四王者夏桀染於干辛推哆殷紂染於崇侯惡來厲王染於厲公長父榮夷終幽王染於傅公夷蔡公穀此四王者所染不當故國殘身死爲天下僇舉天下不義辱人必稱此四王者齊桓公染於管仲晉文染於咎犯楚莊染於孫叔吳闔廬染於五員越句踐染於范蠡此五君者所染當故霸諸侯名傳於後世范吉射

者所染當故霸諸侯名傳於後世范吉射
染於張柳朔中行寅染於籍秦吳夫差染
於宰嚭智伯瑤染於智國中山尚染於魏義
宋康染於唐鞅此六者所染不當故國家
殘亡身為刑戮宗廟破滅絕無後類君臣
離散民人流亡舉天下之貪暴苛擾者
必稱此六君也凡君之所以安者何也其行
理生於染當故善為君者勞於論人而逸
於治官不能為君者傷形費神愁心勞意

【第二十六紙】

於治官不能爲君者傷形費神愁心勞意
然國愈危身愈辱此六君者非不重其國
愛其身也以不知要故也不知要者所染
不當也

法儀

子墨子曰天下從事者不可以無法儀無
法儀而其事能成者無有也故百工從事
皆有法度今大者治天下其次治大國而
無法度此不若百工也然則奚以爲治法而

【第二十七紙】

無法度此不若百工也然則奚以為治而
可莫若法天天之行廣而無私其施厚而不
息其明久而不衰故聖王法之既以天為法
動作有為必度於天天之所欲則為之天所
不欲則止然而天何欲何惡也天必欲之
相愛相利而不欲人之相惡相賊也以其兼
而愛之兼而利之也奚以知天之兼而愛
之兼而利之也今天下無小大國皆天之
邑也人無幼長貴賤皆天之臣也故曰愛

【第二十七紙】

邑也人無幼長貴賤皆天之臣也故曰愛人利人者天必福之惡人賊人者天必禍之是以天欲人相愛相利而不欲人相惡相賊也昔之聖禹湯文武兼愛天下之百姓率以尊天事鬼其利人多故天福之使立為天子天下諸侯皆賓事之暴王桀紂幽厲兼惡天下之百姓率以詬天侮鬼其賊人多故天禍之使遂失其国家身死為僇於天下後世子孫毀之至今不息故為

【第二十八紙】

係於天下後世子孫毀之至今不息故為
不善以得禍者桀紂幽厲是也愛人利人
以得福者禹湯文武是也
七患
子墨子曰國有七患七患者何城郭溝
池不可守而治宮室一患也邊國至境四鄰
莫救二患也先盡民力無用之功賞賜無能
之人三患也仕者持祿遊者愛佼君脩法討
臣〻懾而不敢咈四患也君自以為聖智

臣〻攝而不敢弗四患也君自以為聖智而不問事自以為安强而无守五患也所信者不忠所忠者不信六患也畜種菽粟不足以食之大臣不足以食之大臣不足以事之賞之賞賜不能喜誅罰不能威七患也以七患也國必无社稷以七患守城敵至國傾七患之所當國必有殃墨子曰古之民未知為宮室時就陵阜而居穴而處下潤濕傷民故聖王作為〻宮〻室〻之法曰室高足

【第二十九紙】

故聖王作為〻宮〻室〻之法曰室高足
以避潤濕足以圉風寒上足以待雪霜雨
露宮牆之高足别男女之礼謹此則止費
財勞力不加利者不為也是故聖王作為
宮室使上不以為觀楽也作為衣服帯
履使身不以為辟恠也故節於身論於身
論於民是以天下之民可得而治財用可
得而足當今之王其為宮室則與此異
矣必厚斂於百姓暴奪民衣食之財以為宮

矣必厚斂於百姓暴奪民衣食之財以為宮
室臺榭曲直之望青黄刻鏤之飾為宮室
若此故左右皆法象之是以其財不足以待凶饑
振孤寡故國貧而民難治也君誠欲天下之治
而惡亂也當為宮室不可不節古之民未知為衣服
時衣皮帶茭冬則不輕而温夏則不輕而清
聖王以為不中人之清故作誨婦人以為民衣
為衣服之法冬則練帛之中足以為輕且煖夏
則絺綌之中足以為輕且清謹此則止故聖人

則絺綌之中足以為輕且清謹此則止故聖人
之為衣服適身體和肌膚而足矣非榮耳
目而觀愚民也當是之時堅車良馬不知貴也
刻鏤文采不知喜也得其所以自養之情而
不感於外是以其民儉而易治其君用財節而
易贍也府庫實滿足以待不然兵革不頓
士民不勞足以征不服故霸王之業可行於
天下矣當今之王其為衣服則與此異矣冬
則輕煗夏則輕清皆已具矣必厚作斂於

【第三十紙】

則輕煖夏則輕清皆已具矣必厚作斂於
百姓暴奪民衣食之財以為錦繡文采靡
曼之衣鑄金以為鉤珠玉以為珮女工作文采
男工作刻鏤以身服此非云益煖之情也單財
勞力畢歸之於无用也以觀之其為衣服非
為身體皆為觀好是以其民淫僻而難治其君
奢侈而難諫也夫以奢侈之君御淫僻之民
欲用无亂不可得也君誠欲天下之治而惡
其亂當為衣服不可不節古之民未知為

其亂當爲衣服不可不節古之民未知爲
飲食故聖人作誨男耕稼樹藝以爲民食
也以增氣充虛强體適腹而已矣其用財節
其自養儉故民富國治今則不然厚斂於百
姓以爲美食芻豢烝豕大國累百器小國累
十器前方丈目不能徧視手不能徧操口不能
徧味冬則凍冰夏則餒饐人君爲飲食
如此故左右象之是以富貴者奢侈孤寡
凍餧欲无亂不可得君誠欲天下治而惡其

【第三十一紙】

餧欲无亂不可得君誠欲天下治而惡其
亂當為食飲不可不節古之民未知為
舟車時重任不移遠道不至故聖王作為
舟車之便民之事其為舟車也完固輕利
以任重致遠用財少而為利多是以民樂利
之法禁不急而行民不勞上足以用故歸之
當今之王其舟車與此異矣完固輕利皆已
具矣必厚斂於百姓以為舟車飾〻車以文采
飾舟以刻鏤女子廢其紡織而脩文采故

飾舟以刻鏤女子廢其紡織而脩之采故
民寒男子離其耕稼而脩刻鏤故民飢人
君為舟車若此故左右象之是以其民飢
寒並至故為姦〻衺〻多則刑〻罰〻深〻
則国国乱君誠欲天下之治而悪其乱当
為舟車不可不節
尚賢　子墨子言古者王公大人為政於
国家者皆欲国家之富人民之衆刑政之
治然而不得是其故何也是在王公大人為

治然而不得是其故何也是在王公大人為
政於國家者不能以尚賢事能為政也是
故国有賢良之士衆則国家之治薄故大人
之務将在於衆賢而已然則衆賢之術将奈
何哉譬若欲衆其国之善射御之士者必将
富之貴之敬之誉之然後国之善射御之
士将可得而衆也况又有賢良之士厚乎
徳行辯乎言談博乎道術者乎此固國家
之珎而社稷之佐也亦必且富之貴之敬

之珍而社稷之佐也亦必且富之貴之敬
【第三十二紙】
之譽之然後國之良士亦將可得而衆也
是故古者聖王之爲政也言曰不富不義
不貴不義不親不義不近不義是以國
之富貴人聞之皆退而謀曰始我所恃者當
貴也今上擧義不避貧賤然則我不可
不爲義親者聞之亦退而謀曰始我所恃
者親也今上擧義不避親疏然則我不
【第三十三紙】
可不爲義近者聞之亦退而謀曰始我所

可不為義近者聞之亦退而謀曰始我所
恃者近也今上舉義不避遠近然則我
不可不為義遠者聞之亦退而謀曰我始
以遠无恃今上舉義不避遠然則我不可
不為義人聞之皆競為義是其故何曰
上之所使下者一物也下之所以事上者
一術也故古者聖王之為政列德而尚賢雖
論語曰百工居肆以成其事
在農與工肆之人有能則舉之高與之爵
重與之祿任之以事非為賢賜也欲其事

【第三十四紙】

居肆以成其事

重與之祿任之以事非為賢賜也欲其事
之成故當以悳就列以官服事以勞受賞
量功而分祿故官无常貴而民无恒賤有
能舉之无能則下之舉公義避私怨故得
〻士〻則謀不用體不勞名立而功成美章
而惡不生故尚賢者政之本也
子墨子言曰天下之王公大人皆欲其國
家之富也人民之衆也刑法之治也然而
莫知尚賢而使能我以知天下之士君子

莫知尚賢而使能我以知天下之士君子
明於小而不明於大也何以知其然也今王
公大人有一牛羊不能殺必索良宰有一
衣裳不能制必索良工有一疲馬不能治
必索良醫有一危弓不能張必索良工雖
有骨肉之親无故富貴面目美好者誠知
其不能也必不使是何故恐其敗財也當
王公大人之於此也則不失尚賢而使能逮
至其國家則不然王公大人骨肉之親无

至其國家則不然王公大人骨肉之親无
故富貴面目美好者則舉之則王公大人
之親其國家也不若其親一危弓罷馬衣
裳牛羊之財歟我以此知天下之士君子皆
明於小而不明於大也古之聖王之治天下也
其所富貴未必王公大人骨肉之親无故富貴
面目美好者也是故昔者堯之舉舜也
湯之舉伊尹也武丁之舉傅説也豈以為骨
肉之親无故富貴面目美好者哉惟法其

【第三十五紙】

内之親无故富貴面目美好者哉雖法其言用其謀行其道上可而利天中可而利鬼不可而利人是故尚賢之為說不可不察也尚賢者天鬼百姓之利而政事之本也

亦命　古之聖王舉孝子而勸之事親尊賢良而勸之為善發憲布令以教誨賞罰以勸沮若此則亂者可使治而危者可使安矣若以為不然昔者桀之所亂

者可使安矣若以為不然昔者桀之所亂
湯治司使安矣若以為不然之紂之所亂武
王治之此世不渝而民不改上變政而民易
教其在湯則治其桀紂則亂安危治亂在上
之發政也則豈可謂有命哉昔者三代之暴
王不繆其耳目之淫不慎其心志之辟外之
敺 古作毆
敺騁田獵畢弋内沉於酒樂不肯曰我為形
政不善曰我命故且亡雖昔也三代之窮民
亦猶此也繁飾有命以教衆愚昔者禹湯

【第三十六紙】

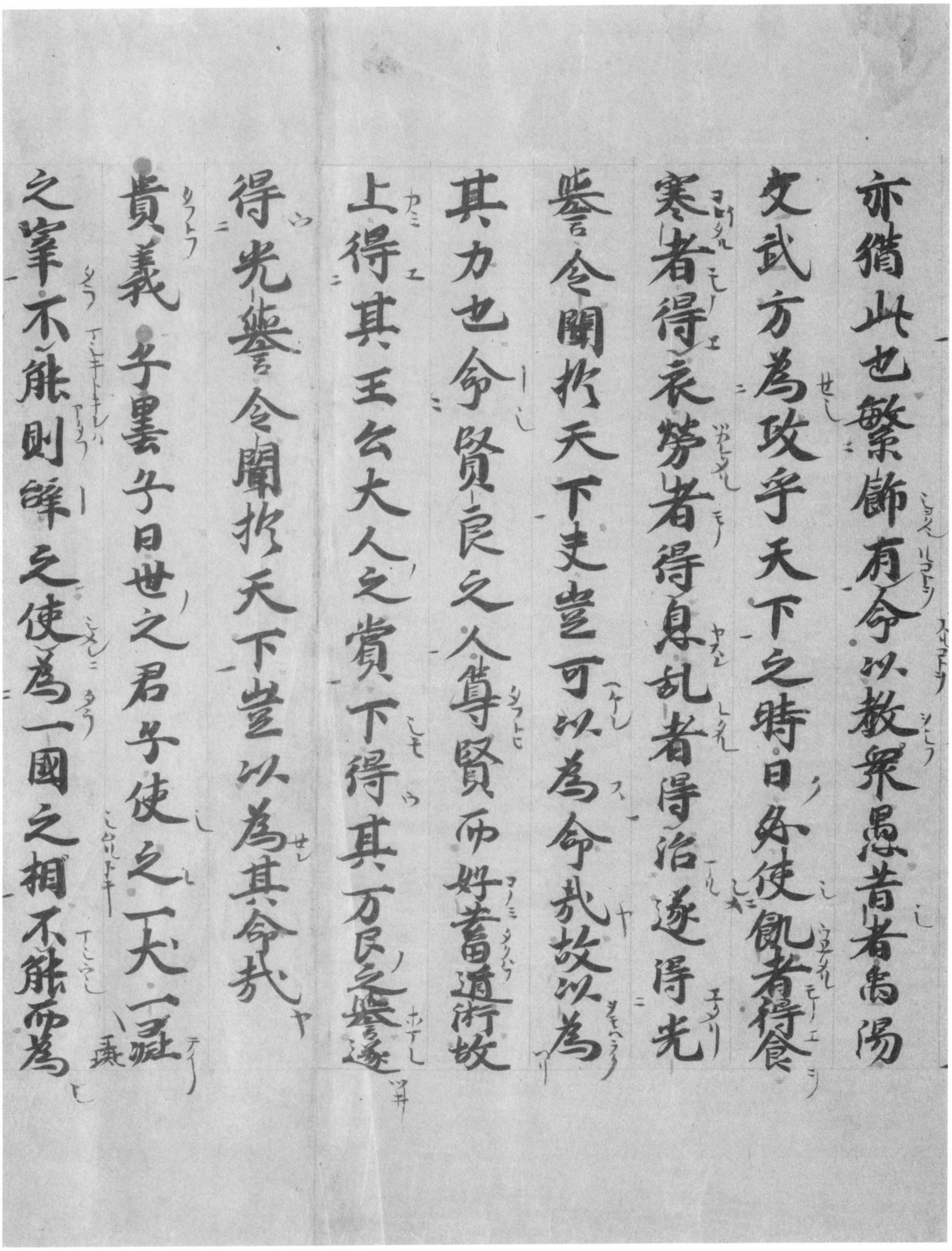
亦猶此也繁飾有命以教衆愚昔者禹湯
文武方爲政乎天下之時曰必使飢者得食
寒者得衣勞者得息亂者得治遂得光
譽令聞於天下夫豈可以爲命哉故以爲
其力也今賢良之人尊賢而好功道術故
上得其王公大人之賞下得其萬民之譽遂
得光譽令聞於天下豈以爲其命哉
貴義　子墨子曰世之君子使之一犬一彘
之宰不能則辭之使爲一國之相不能而爲

之宰不能則辟之使爲一國之相不能而爲之豈可悖哉

世之君子欲其義之成而助之脩其身則慍是猶欲其廧之成而人助之築則慍也豈不悖哉

群書治要卷第卌四

文應元年冬奉讀之沙門[illegible]

文應し冬、本治し次申七五年

已阮清本校點ノ

直海清厚が

金澤文庫

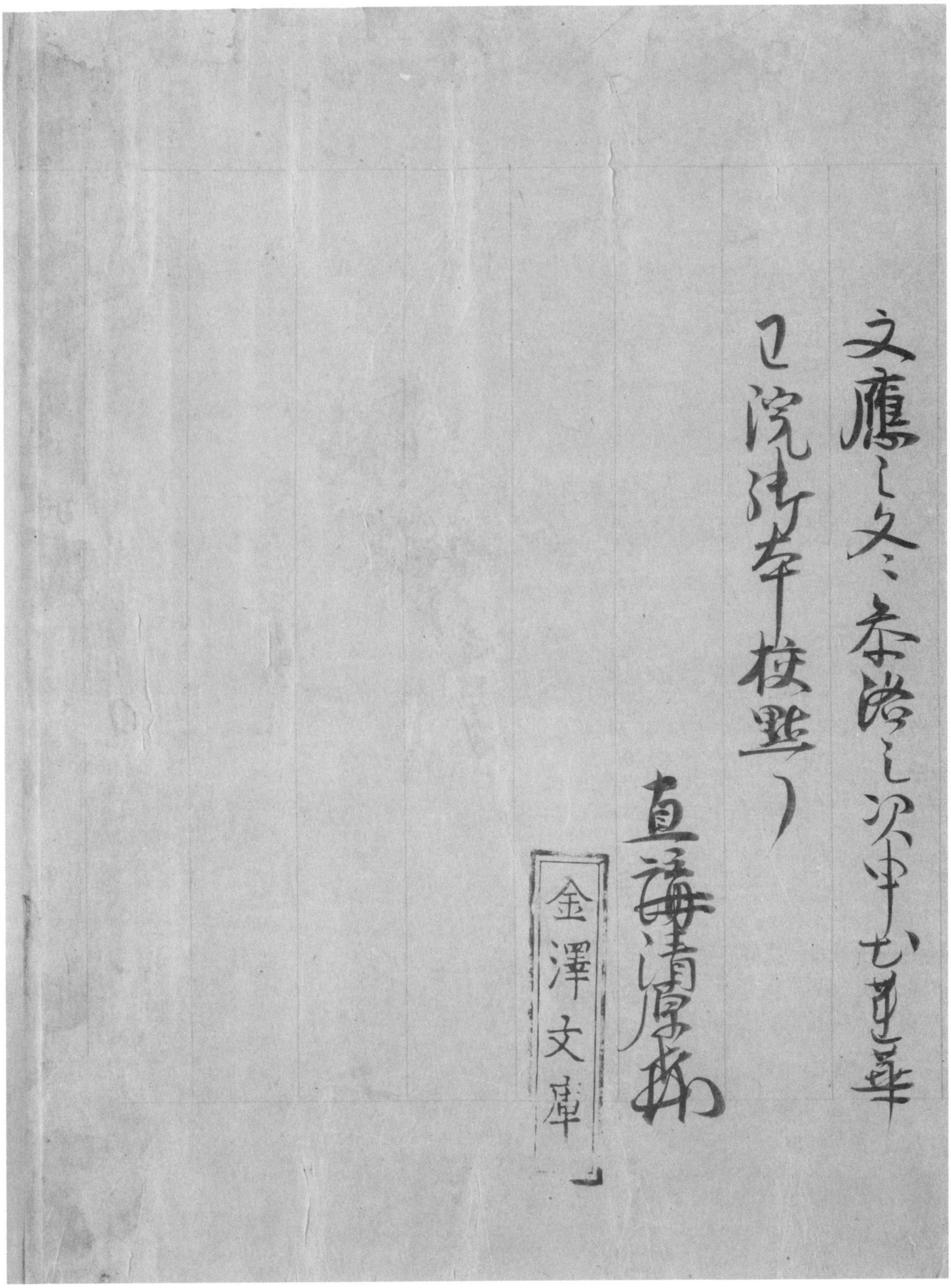

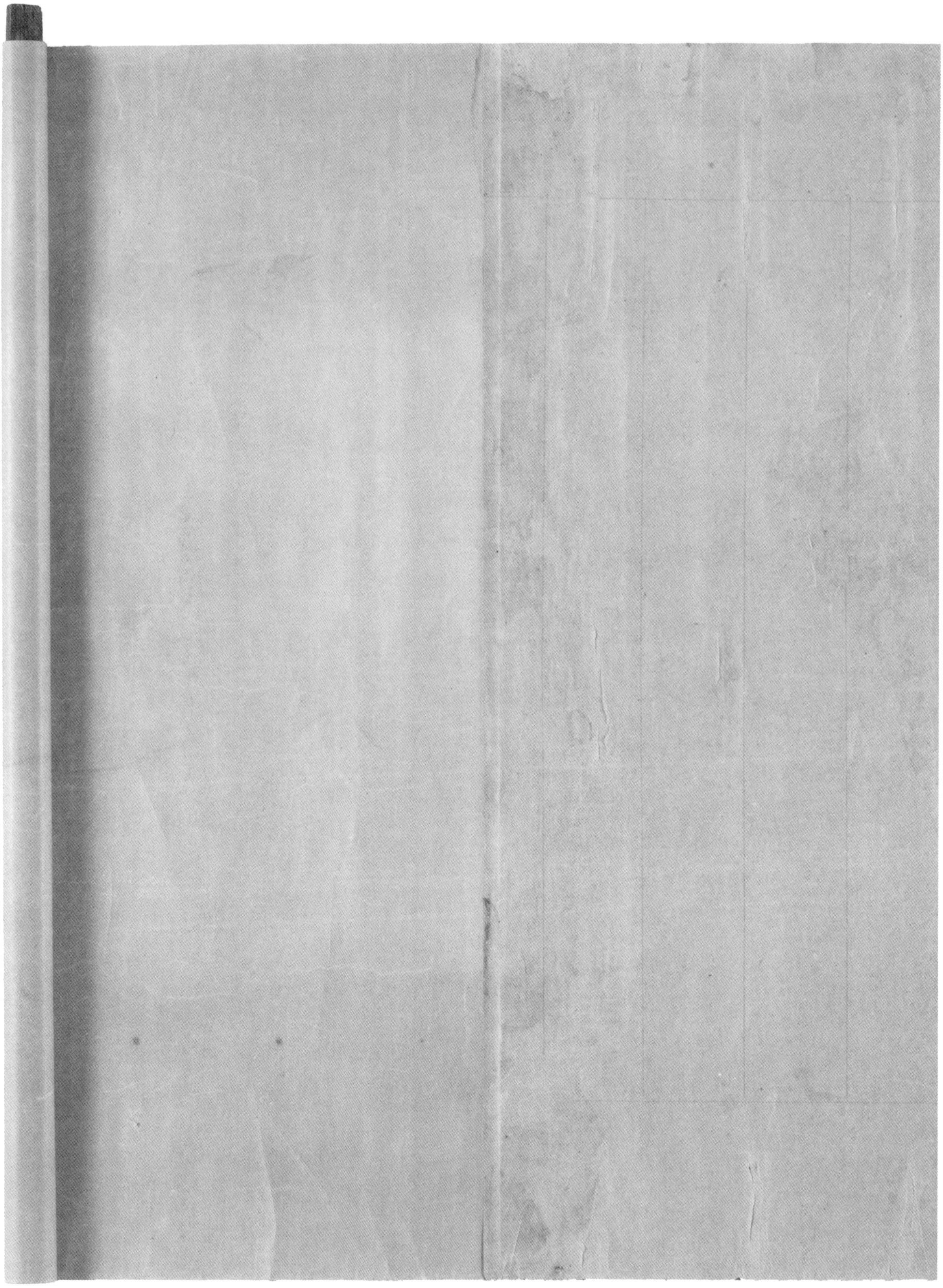

群書治要 卅五
圖書寮
番號 117
冊數 48
函號 特 3

群書治要卷第卅五　秘書監鉅鹿男臣魏徴等奉勑

文子　曽子

文子　老子弟子

道原

夫至人之治也弃其聰明滅其文
章依道癈智与民同出乎公约其
所守寡其所求去其誘慕除其嗜
欲損其思慮约其所守即察矣寡其

【第二紙】

欲損其思慮約其所守即察矣宜其所求即得矣　水之性欲清沙石穢之人之性欲平嗜欲害之唯聖人能遺物反己不以智役物不以欲滑和是以高而不危安而不傾也故聽善言便計雖愚者知悅之稱聖德高行雖不肖者知慕之悅之者衆而用之者寡慕之者多而行之者少

精誠

【第二紙】

精誠

夫水濁者魚噞，政苛即民乱，上多欲即下多詐，上煩擾即下不定，上多求即下交爭，不治其本而救之於末，无以異於鑿渠而止水，抱薪而救火也。聖人事省而治，求寡而贍，不施而仁，不言而信，不求而得，不為而成，懷自然，保至真，抱道推誠，天下從之，如響之應聲，影之象形，所脩者本也。

所脩者本也
冬日之陽夏日之陰萬物歸之而莫
之使也至精之感弗召自來不去往
不知所為者而功自成待目而照見
待言而使令其於以治難矣皐

【第三紙】

陶瘖而為大理天下無虐刑師曠瞽而
為太宰晉國無亂政不言之令不
視之見聖人所以為師民之化上不
從其言從其所行也故人君好勇而國

從其言從其所行也故人君好勇而國
家多難人君好色而國多昏亂故聖
人精於誠形於內好憎明於外出言
以副情發號以明旨是故刑罰不足
以移風殺戮不足以禁姦唯神化為
貴也夫至精為神精之所動若春氣
之生秋氣之殺也故治人者慎所以
感也聖人之從事也所由異路而同歸其
存亡定傾若一志不忘乎欲利人也故秦

【第四紙】

存亡定傾若一志不忘乎欲利人也故秦
楚燕魏之哥異轉而皆樂九夷八狄
之哭異聲而皆哀夫哥者樂之徵也
哭者哀效也情ゝ於中而應於外故
在所以感之矣聖人之心日夜不忘
乎欲利人其澤之所及亦遠矣
夫至人精誠內形德流四方見天下有
利喜而不忘見天下有害怵若有喪
夫憂民之憂者民亦憂其樂人之

夫憂民之憂者民亦憂其憂樂人之樂者人亦樂其樂故樂以天下憂以天下然而不王者未之有也大人行可悦之政人而莫不順其令令順即從小而致大令逆即以善為害以成為敗

九守

摺本乎此文九守篇无之在守清篇

神者智之淵也神清則智明智者心之府也智公即心平人莫鑒於流水而鑒於澄水者以其清且靜也故神

【第五紙】

天道極即反以下六文撿本手無焉充之在守弱篇

而鑒於澄水者以其清且靜也故神
清意平乃能形物之情也天道極即
反盈則損物盛則衰日中而移月滿
則虧樂終而悲是故聰明廣智守以愚
多聞博辯守以儉武力毅勇守以
畏貴富廣大守以狭德天下守以讓
此五者先王所以守天下也
存言
人之情服於德不服於力故古之聖王
以其言下人以其身後人即天下推而

以其言下人，以其身後人，即天下推而不厭，戴而不重，此德有餘而氣順也。故知與之為得，知後之為先，即幾道矣。

道德

文子問道。老子曰：夫道者，小行之小得福，大行之大得福，盡行之天下服。

文子問德仁義禮。老子曰：德者，民之所貴也；仁者，人之所懷也；義者，民之所畏也；禮者，民之所敬也。此四者，聖人之

也禮者民之所敬也此四者聖人之
所以御萬物也君子无德即下怨无
仁即下爭无義即下異无禮即下亂
四經不立謂之无道无道而不亡者未
之有也心之精者可以神化而不可以
説道故同言而信〻在言前同令而行
令而行誠在令外聖人在上民化如神
情以先之也動於上不應於下者情令
殊也三月嬰兒未知利害而慈母之憂

【第六紙】

殊也三月嬰兒未知利害而慈母之愛
喻焉者情也故言之用者小不言之用
者大矣夫信君子之言也忠君子
之意也忠信形於内感動應乎外
賢聖之化也
能成霸王者必得勝者也能勝敵者必
強者也能強者必用人力者也能
用人力者必得人心者也能得人心者
必自得者也能自得者必柔弱者也

必自得者也能自得者必柔弱者也

上德

日月欲明浮雲蓋之河水欲清沙土穢之叢蘭欲脩秋風敗之人性欲平嗜欲害之蒙塵而欲无眯不可得也山致其高而雲雨起焉水致其深而蛟龍生焉君子致其道而德澤沠焉夫有陰德者必有陽報有隱行者必有顯名

眯莫禮反物入目中

微明

相坐之法立即百姓怨減爵

【第七紙】

本乍注以
廟戰者謂
决勝之術

微明　相坐之法立即百姓怨減爵
之令張即功名叛故察於刀筆之迹者
即不知治乱之本習於行陣之事者
即不知廟戰之權聖人見福於重閉
之内而慮患於冥冥之外愚者惑於小
利而忘大害而事有利於小而害於
大得於此而亡於彼故仁莫大於愛
人也智莫大於知人也愛人即无冤
刑知人即无乱政見本而知末執一而

刑知人即无乱政見本而知末執一而
應萬謂之術居知所為行知所之事知
所之事知所秉動知所出謂之道言出於
口不可止於人行發於近不可禁於
遠事者難成易敗名者難立易廢凡人
皆以軽小害易微事以至於大患也
夫積愛成福戓福積憎成禍人皆知救患
莫知使患无生夫使患无生易於救患令人
不務使患无生而務於救之雖神聖

不務使患无生而務於救之雖神聖
人不能為謀也患禍之所由来萬〻无
方故聖人深居以避辱静默以待時
小人不知禍福之門動作而陥於刑雖
曲為之備不足以全身故上士先避患而後
動利先遠辱而後求名故聖人常從事
於无形之外而不留心盡慮於已成之
内是以患禍无由至非誉不能塵垢也
曰凡人之道心欲小志欲大智欲圓行欲

【第八紙】

曰凡人之道心欲小志欲大智欲圓行欲
方能欲多事欲少所謂心小者慮患未
生戒禍慎微不敢縱其欲者也志大者
兼苞萬国一齊殊俗是非輻湊中為之轂
也智圓者終始無端方流四遠深泉而
不竭也行方者直立而不撓素白而不
汙窮不易操達不肆志也能多者文
武備具動靜中儀也事少者執所以治廣
處靜以待躁也故心小者禁於微也

處靜以待躁也故心小者禁於微也
志大者無不懷也圓者無不知也行方
者有不為也能多者無不治也事少者
約所持也故聖人之於善也無小而不行
其於過也無微而不改行不用巫祝鬼
神不敢先可謂至貴矣然而戰々慄々
日慎一日是以無為而不成有功離仁義
者即見疑有罪不失仁心者必見信故
義者事之常順也天下之尊爵也雖謀

【第九紙】

義者事之順常也天下之尊爵也雖謀
得計當慮患而患解圖而國存其事
有離仁義者其功必不遂矣言雖無中於
策其計無益於國而心周於君合於義者
身必存矣故百言百當不若舍趣而審仁義
也教本乎君子小人被其澤利本乎小人
君子享其功使君子小人各得宜即通功
易食而道達矣人多欲即傷義多憂即
害智故治國樂其所以存亡国其所以亡

害智故治國樂其所以存亡國其所以亡
水下流而廣大君下臣而聰明君不與
臣爭功而治道通故君根本也臣枝葉
也根本不美枝葉茂者未之有也慈
父之愛子也非求報也不可内解於心
聖王之養民非求為己用也性不能已也
恃其力賴其功動而必窮矣有以為恩
不接矣故用衆人之所愛即得衆人之力
舉衆人之所善即得衆人之心見所始即

舉衆人之所善即得衆人之心見所惡即
知所終矣故人之將疾也必先不甘魚肉之
味國之將亡也必先惡忠臣之語故疾之
將死者不可爲良醫國之將亡者不
可爲忠謀古者親近不以以言來遠
不以言使近者悅遠者来与民同欲即
和与民同守即固与民同念即智得民
力者富得民譽者顯行有召罰言有敎
禍

【第十紙】

稽

道自然

昔者堯之治天下其導民也水處者漁

山處者木谷處者牧陸處者田地宜其

事宜其械〻便其人如是則民得以所有

易所无以所巧易所拙也是以離叛者寡

聽從者衆若風之過蕭忽然感之各以

清濁應矣物莫不就其所利避其所害

是以鄰國相望雞狗之音相聞而足跡

是以鄰國相望雞狗之音相聞而足跡
不接於諸侯之境車軌不結於千里之
外皆安其居也夫乱國若盛治國若虛
亡國若不足存國若有餘虛者非无人各
守其職也盛者非多人皆徼於末也有
餘者非多財欲節事寡也不足者非无
貨民躁而費多也故先王之法非所作
也所因也其禁誅非所為也所守也上德
之道也

【第十一紙】

之道也
以道治天下非易民性也因其有條暢之
故凟水者因水之所産稼者因地之宜征
伐者因民之欲能因即无敵於天下矣故
先王之制法因民之性而為之節文无其
性无其養不可使遵道也人之性有仁義
之資非聖王為之法度不可使向方也因
其所惡以禁姦故刑罰不用威行如神矣
因其性即天下聽從咈其性即法度而不

迫 王、唐本證 并云附也

因其性即天下聽從咈其性即法度而不
用帝者貴其德也王者尚其義也霸者
迫於理也道狹然後任智德薄然後任
刑明淺然後任察
主道者處无為之事行不言之教因循任
下責成不勞謀无失策舉无過事進退
應時動靜循理美醜弗好憎賞罰不喜
怒其聽治也虛心弱志是故群臣輻湊並
進无愚智不肖莫不盡其能君得所以制

進元愚智不肖莫不盡其能君得所以制
臣〻得所以事君即治國之道明矣
智而好問者聖勇而好同者勝乘衆人
之智即元不任也用衆人之力即元不勝也
用衆人之力烏獲不足恃也乘衆人之勢
天下不足用也故聖人舉事未嘗不因
其資而用之也有一形者處一位有一能
者服一事力勝其任即舉者不重也能
勝其事即爲者不難也聖人兼而用之

【第十二紙】

脩其事即爲者弗難也聖人兼而用之
人無棄人物無棄材矣所謂无爲者非謂
其引之不來推之不往迫而不應感而
不動堅滯而不流捲握而不散也謂其私
志不入公道嗜欲不枉正術循理而舉
事因資而立功推自然之勢也聖人不恥
身之賤惡道之不行不憂命之短憂百姓
之窮也故常虛无爲抱素見樸不與物
雜古之立帝王者非以奉養其欲也聖人

雖古之立帝王者非以奉養其欲也聖人
之踐位者非以逸樂其身也為天下之民
强掩弱衆暴寡詐者欺愚勇者侵怯又
為其懷智詐不以相教者積財貨不相分
故立天子以齊一之為一人明不能徧照海
内故立三公九卿以輔翼之為絕國殊俗
不得被澤故立諸侯以教誨之是以地
无不任時无不應官无隱事國无遺利所
以衣寒食飢養老弱勞息倦无不以也神

【第十三紙】

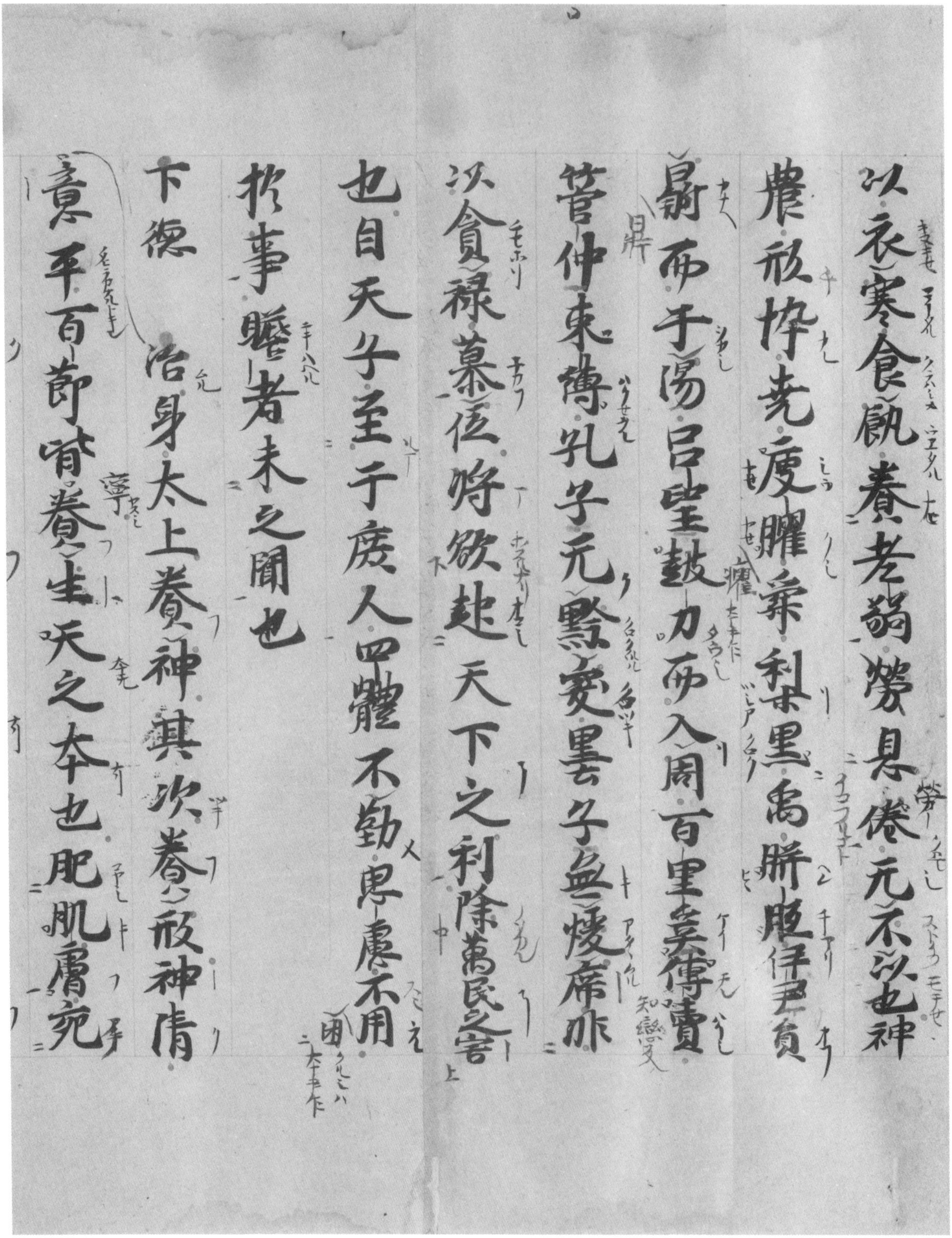

以衣寒食飢養老弱勞息倦无不以也神
農形悴堯瘦臞舜黎黒禹胼胝伊尹負
鼎而干湯呂望鼓刀而入周百里奚傳賣
管仲束縛孔子无黔突墨子無煖席非
以貪祿慕位將欲起天下之利除萬民之害
也自天子至于庶人四體不勤思慮不用
於事贍者未之聞也
下徳　治身太上養神其次養形神清
意平百節皆寧養生之本也肥肌膚充

意平百節皆養生夭之本也肥肌膚充
腹腸開嗜欲養生之末也治國太上養化
其次正法民交讓爭處卑財利爭受少
事力爭就勞日化上而遷善不知其所以
然治之本也利賞而勸善畏刑而不敢
為非法令正於上百姓服於下治之末也上世
養本而下世事末欲治之主不世出可與
治之臣不萬一以不世求不萬一此至治所
以千歲不一至霸王之功不世立也順其

以千歳不一至霸主之功不世立也順其
善意防其邪心與民同出一道即民性可善
風俗可美所貴聖人者非貴其隨罪而
作刑也貴其知亂之所生也若縱之放僻
淫逸而禁之以以法隨之以刑雖殘天下
不能禁其姦矣目悅五色口欲滋味耳樂
五聲七竅交爭以害一性日引邪欲竭其
天和身且不能治奈天下何所謂得天下
者非謂其履勢稱尊號也言其運天心

【第十四紙】

者非謂其履勢稱尊號也言其運天下心
得天下力也有南面之名無一人之與此
失天下者也故桀紂不爲王湯武不爲放
也天下得道守在四夷天下失道守在左
右故曰无恃其不吾奪恃吾不可奪也行
可奪之道而非篡殺之行无益於持天下
矣治世之職易守也事其易爲也其禮易
行也其責易償也是以人不兼官官不兼
事農士商工鄉別州異故農與農言藏

事農士商工鄉别州異故農與農言藏
士與士言行工與工言巧商與商言數是
以士無遺行工無苦事農無廢功商無
折貨各安其性也夫先知遠見人材之盛
也所治世不以責於民博聞强志口辯辭
給人智之溢也所明主不以求於下敦世
賤物不汙於俗士之伉行也所治世不以
為民化故高不可及者不以為人量行不
可遠者不以為國俗故人材不可傅用所

【第十五紙】

可遠者不以為國俗故人君不可傳用而
度量道術可世傳也故國治可與愚守
而軍旅可與性同不待古之英俊而人自
足者所有而備而並用之也末世之法高為
量而罪不及重為任而罰不勝危為難
而誅不敢民困於三責即飾智而詐上
犯邪而行危雖峻法嚴刑不能禁其姧
獸窮即觸鳥窮即啄人窮即詐此之謂
也　國有亡主世无亡道人有窮而理无

也　國有亡主世无亡道人有窮而理无
不通也故不因道理之數而專己之能
其窮不遠矣夫君人者不出戶以知天下
者因物以識物因人以知人也故積力之所
舉既无不勝也衆智之爲即无不成
也工无二伎士不兼官人得所宜物得所
安是以器械不惡職事不慢也夫責少
易償也職寡易守也任輕易勸也上
操約少之分下效易爲之功是以君臣久而不相厭也

【第十六紙】

操約少之分下效易為之功是以君臣久而不相厭也
地廣民衆不足以為強也甲堅兵利不足
以恃勝也高城深池不足以為固也嚴刑
利殺不足以為威也為存政者无小必存
為亡政者无大必亡故善守者无与御善
戰者无與鬪乘時勢因民欲而取天下也
善為政者積其德善用兵者蓄其怒德
積而民可用也怒蓄而威可立也故材之
所加者淺即權之所服者大德之所服者

【第十六紙】

所加者淺即權之所服者大德之所服者
大德之所於者博即威之所制者廣﹅即
我彊而敵弱矣善用兵者先弱敵而後
戰費不半而功十倍故千乘之國所文
德者王萬乘之國好用兵者亡王兵先勝
而後戰敗兵先戰而後求勝此不明兵
於道也
上竹
非憺真无以明德非寧靜无以致
遠非寬大无以并覆非平正无以制斷以

遠非寬大无以并覆非平正无以制斷以
天下之目視以天下之耳聽以天下之智慮
以天下之力事故號令能下究而臣情得
上聞百官脩通羣臣輻湊喜不以賞賜
怒不以罪誅法令察而苛耳目通而不
暗善否之情日陳於前而不逆賢者盡
其智不肖者竭其力近者安其性遠者
懐其德用人之道也夫乘輿馬者不
勞而致千里乘舟楫者不能游而濟江海

【第十七紙】

勞而致千里乘舟楫者不能游而濟江海
使言之而是雖在丈夫芻蕘猶不可棄
也言之而非雖在人君卿相不可用也是
非之處不可以貴賤尊卑論也其計可
用不羞其位矣其言可行不貴其辯矣
文子問曰何行而民親其上老子曰使之
以時而敬慎之如臨深淵如履薄氷天地
之間善即吾畜也不善即吾讎也昔者萬
夏商之臣反讎桀紂而臣湯武宿沙之民

夏之臣反讎桀紂而臣湯武宿沙氏之民
自攻其君而歸神農氏故曰人之所畏亦
不可以不畏
治大者道不可以小地廣者制不可以狭
位高者事不可以煩民衆者教不可以苛
事煩難治法苛難行求多難贍寸而度
之至丈必差銖而稱之至石必過稱丈量
便而寡失大較易為智曲辯難為恵故
无益乎治有益於乱者聖人不為也无益

【第十八紙】

无益於治、有益於乱者、聖人不為也。无益於用、有益於費者、智者不行也。故功不厭約、事不厭省。功約易成、事省易治、求寡易贍。夫調音者、小絃急、大絃緩。立事者、賤者勞、貴者逸。道之言曰、芒〻昧〻、与天无同氣。同氣者帝、同義者王、同功者霸、无一焉者亡。故不言而信、不施而仁、不怒而威、是以天心動化者也。施而仁、言而信、怒而威、是以精誠為之者也。施而不仁、

【第十八紙】

信怒而威是以精誠為之者也施而不仁
言而不信怒而不威是以外貌為之者
也故有道以理之法雖少足以治矣无道
以臨之令雖衆足以乱矣
鯨魚失水
而制於螻蟻人君舍其所守而与民爭事
則制於有司有司以無為持位守職者以
聽從取容臣下蔵智而弗用反以事專
其上君人者不任能而好自為則智日困
而數窮於下智不足以為治威不足以行

而數窮於下智不足以爲治威不足以行刑即无以與下交矣喜怒刑於心耆欲見於外則守職者離正而阿上有司枉法而從風矣賞不當功誅不應罪則上下乖心羣臣相怨矣百官煩亂而智不能解非譽萌生而明不能照非已之失而反自責則人主愈勞人臣愈逸矣是代大匠斲者希不傷其手也與馬逐走筋絶不能及也上執轡馬死衡下伯樂相

【第十九紙】

筋絶不能及也上攝轡馬死衡下伯樂相
之王良御之明主乘之无御相之勞而致
千里善乘人之資也　國之所以存者
道得也所以亡者理塞也故得生道者雖
小必大有亡徵者雖成必敗國之亡也大不
足恃道之行也小不可輕故存在得道
不在於小亡在失道不在於大故亂國之
主務於廣地而不務於仁義務於高位
而不務於道德是舍其所以存而造其

而不務於道德是舍其所以存而造其
所以亡也
主與之以時民報之以財主遇之以礼民
報之以死生而貴者驕生而富者奢
貴不以明道自鑒而能无爲非者寡矣
上義凡學者能明於天人之分通於
治亂之本見其終始可謂達矣治之本
仁義也其末法度也先本後末謂之
君子先末後本謂之小人法之生也以輔

【第二十紙】

君子先本後末謂之小人法之生也以輔
義重法弃義是貴其冠履而忘其頭
足也仁義者廣崇也不益其厚而張其廣
者毀不廣其基而增其高者覆故丕
其棟不能任重重莫若國棟莫若德人
主之有民猶城之有基木之有根根深
即本固基厚即上安故事不本於道德
者不以為經言不合於先王者不可以為
道治人之道其猶造父之御馬也内得於

【第二十紙】

道治人之道其猶造父之御馬也內得於
中心外合乎馬志故能取道致遠氣力
有餘進遟曲莫不如意誠得其術也
今夫權勢者人之車輿也大臣者人主
之四馬也身不以離車輿之安乎不可以
失四馬之心故輿馬不調造父不能以取
道君臣不和聖人不能以為治執道以御之
中材可盡明分以示之姦邪可正物至而
觀其變事來而應其化近者不亂則遠

觀其變事來而應其化近者不亂則遠
者治矣不用適然之數而行自然之道萬
舉而无失矣治國有常而利民為本政
教有道而令行為右苟利於民不必法古
苟周於事不必循俗故聖人法與時變禮
與俗化衣服器械各便其用法度制令各
因其宜故變古未可非循俗未足多誦
先王之書不若聞其言聞其言不若得其
所以言者言弗能言也故道可道者非常

【第二十一紙】

所以言者言弗能言也故道可道者非常
道也名可名非常名也故聖人所由曰道
所為曰事道由金石壹調不可更事猶
琴瑟每終改調故法制礼樂者治之具也
非所以為治也
法非從天下非從地出發於人間反己自正
也誠達其本乱於末知其要不惑於疑
有諸己不非諸人无諸己不責於下所禁
於民者不行於身故人主之制法也先自

本中注曰不法以法之法也

於民者不行於身故人主之制法也先自
以為檢式故禁勝於身即行於民矣夫
法者天下之准繩也人主之度量也縣法者
法不法也法定之後中繩者賞缺繩者
誅雖尊貴者不輕其賞卑賤者不重其
刑犯法者雖賢必誅中度者雖不肖無
罪是故公道行而私欲塞也古之置有司
也所以禁民使不得恣也其立君也所
以制有司使不得專行也法度道術所以

【第二十二紙】

以制有司使不得專行也法度道術所以
以禁君使無得擅斷也人莫得恣即道
勝而理得矣故反於無為無為者非謂其
不動也言其莫從己出也
善賞者賞少而勸多善罰者刑省而姦
禁善與者用約而為德善取者入多而
無怨故聖人因民之所善以勸善因民
之所憎以禁姦賞一人而天下趨之罰一人
而天下畏之至賞不費至刑不濫聖人守

【第二十二紙】

而天下畏之至賞不費至刑不濫聖人守
約而治廣此之謂也
君臣異道即治同道即乱各得其宜處其
當即上下有以相使也故枝不得大於幹
末不得強於本言輕重大小有以相制
也夫得威勢者所持甚小所任甚大所
守甚約所制甚廣十圍之木持千鈞
之屋得勢也五寸之關能開闔所居要
也下必行之令從之者利逆之者凶天

也下各行之令從之者利逆之者害天下莫不聽從者順也義者非能盡利天下之民也利一人而天下從暴者非能盡害海内也害一人而天下叛故擧措廢置不可審也屈寸而伸尺小枉而大直聖人為之今人居之論臣也不討其大功德總其細行而求其不善則失賢之道也有厚德無問其小節人有大譽無疵其小故夫人情莫不有所短誠其大略是也

【第二十三紙】

故夫人情莫不有所短誠其大略是也
雖有小過不足以為累誠其大略非也閭
里之行未足多也
自古及今未有能全其行也故君子不
責備於人夫夏后氏之璜不能無瑕明月
之珠不能无穢然天下寶之者不以小惡妨
大美也今志人之所短而忘人之所長而
欲求賢於天下即難矣夫衆人見位卑
賤事之洿辱而不知其大略也故論人

賤事之汚辱而不知其大略也故論人
之道貴即觀其所舉富即觀其所施窮
則觀其所不受賤即觀其所不爲視其
所更難以知其勇動以喜樂以觀其
守委以貨財以觀其仁振以恐懼以觀
其節如此即人情得矣
聖人以仁義爲準繩中繩者謂之君子弗
中者謂之小人君子雖死亡其名不滅小
人雖得勢其罪不除左手據天下之

人雖得勢其罪不除左手據天下之
圖而右手刎其喉愚者不為身貴乎
天下也死君親之難者視死若歸義
重於身故也天下大利比身即小身所重
也比義即輕此以仁義準繩者也
地廣民衆主賢將良國富兵強約束信
號令明兩敵相當未接刃而敵人奔亡此
其次也知土地之宜習險隘之利明奇正之
變察行陣之事白刃合流矢接輿死扶

【第二十四紙】

變察行陣之事白刃合流矢接與死扶
傷流血千里暴骸盈野義之下也国之
所以強者必死也所以必死者
義也義之所以行者威也威義並行是謂
必之強白刃交接矢石若雨而士爭先者賞
信而罰明也上視下如子下事上如父
上視下如弟下視上如兄上視下如子
必王四海下視上如父必正天下視下如
弟即不亡之難為之死下視上如兄即不難

弟即不之難為之死下視上如兄即不難
為之亡故子父兄弟之寇不可與鬪是
故義君内脩其政以積其德外塞其邪
以明其埶察其勞逸以知飢飽戰期有
日視死若歸恩之加也上禮
昔之聖王仰取象於天俯取度於地中
取法於人調陰陽之氣和四時之節察
高下之宜除飢寒之患行仁義之道以
治人倫列地而州之分職而治之立大學而

【第二十五紙】

治人倫列地而州之分職而治之立大學而
教之此其捻之紀也得道即舉失道
即廢夫物未嘗有張而不施盛而不敗
者也唯聖人可盛而不衰聖人初作樂
也以歸神反淫反其天心至其衰也流而
不反淫而好色至以亡國其作書也以領理
百事愚者以不忘智者以記事及其衰
也為姦偽以觧有罪而殺不辜其作囿
也以奉宗廟之具簡士卒戎不虞及

也以奉宗廟之具簡士卒戒不虞及
其衰也馳騁弋獵以奪民時其上賢也
以平教化正獄訟賢者在位能者在職
澤施於下萬民懷德其衰也朋黨比周
各推其與廢公趨私外内相舉姦人在
位賢者隱處天地之道極則反盈則損故聖人
治弊而改制事終而更為矣聖人之道
非脩礼義廉恥不立民無廉恥不可治也
不知礼義不不可以行法〻能教不能

【第二十六紙】

不知礼義不不可以行法〻能教不能
使人孝能刑盜者不能使人孝能刑盜者
不能使人廉恥聖王在上明好惡以示人經
非譽以遵之親賢而進之賤不肖而退之
刑措而不用礼義脩而任賢得也夫使天
下畏刑而不敢盜竊豈若使無有盜心
哉故知其無所用雖貪者皆辭之知其無
所用廉者不能讓夫人之所以亡社稷身
死人手為天下笑者未嘗非欲也知冬日

死人手爲天下笑者未嘗非欲也知冬日
之扇夏日之裘無用於己則萬物之變爲
塵垢故以湯止沸々乃益甚知其本唯火
而已　夫有餘則讓不足則爭讓則禮
義生爭則暴亂起故物多則欲省求贍
則爭止故世治則小人守正而利不能動也
世亂則君子爲奸而法不能禁也
酆水之深十仞而不受塵垢金鐵在中形見
於外非不深且清也魚鼈莫之歸石上不

於外非不深且清也魚鼈莫之歸石上不
生五穀禿山不游麋鹿无所蔭蔽也故為
政以苛為察以切為明以刻下為忠以訐多
為功如此者譬猶廣革者也大即大矣裂
之道也

曾子 参

脩身

曾子曰君子攻其惡求其過彊其所不能
去私欲從事於義可謂學矣君子愛日

去私欲從事於義可謂學矣君子愛日
以學及時以行難者弗避易者弗從唯
義所在日旦就業夕而自省思以沒其身
亦可謂守業矣君子學必由其業問必
以其序問而不決承閒觀色而復之學
既學之患其不博也既博之患其不習也
既習之患其不知也既知之患其不能行
也既能行之貴其能以讓也君子學致
此五者而已矣君子博學而淺守之微言

此五者而已矣君子博學而淺守之微言
而篤行之行欲先人言欲後人見利思辱
見難思詬嗜欲思恥忿怒思患君子終
身守此戰戰也君子已善亦樂人之善也
已能亦樂人之能也君子好人之爲善而
弗趣也惡人之爲不善而弗疾也不
先人以惡不疑人以信不説人之過而成人
之美朝有過夕改則与之夕有過朝改則
與之君子終日言不在尤之中小人一言終

【第二十八紙】

與之君子終日言不在尤之中小人一言終
身為罪矣君子之於不善也身勿為可能
也色勿為不可能也色勿為可能也心勿
為不可能也太上樂善其次安之其下亦
能自強也太上不生惡其次生而能夙絶
之其下復而（能改復而）不改損身覆家大者傾
社稷是故君子出言鄂々行身戰々亦
殆免於罪矣昔者天子日旦思其四海之
内戰々唯恐不能乂也諸侯日旦思其四封

【第二十八紙】

内戰々唯恐不能乂也諸侯日旦思其罰
之内戰々唯恐失損之也大夫日旦思其官
戰々唯恐不能勝也庶人日旦思其事戰
々唯恐刑罰之至也是故臨事而懼者鮮不
濟矣
立孝　曾子曰君子立孝其忠之用也礼之
貴也故為人子而不能孝其父者不敢言
人父不能畜其子者為人弟而不能承其
兄者不敢言人兄不能順其弟者為

兄者不敢言人兄不能順其弟者爲
人臣不能事其君者不敢言人君不能
使其臣者故与父言〻畜子言〻孝父与兄
言〻順弟言〻承兄与君言〻使臣与臣
言〻事君〻子之孝也忠愛以敬反是
乱也盡力而有礼敬而安之微諫不倦
聽從不怠驩欣忠信咎故不生可謂孝矣
盡力而无礼則小人也致敬而不忠則不入
也量故礼以將其力敬以入其忠詩云夙興

【第二十九紙】

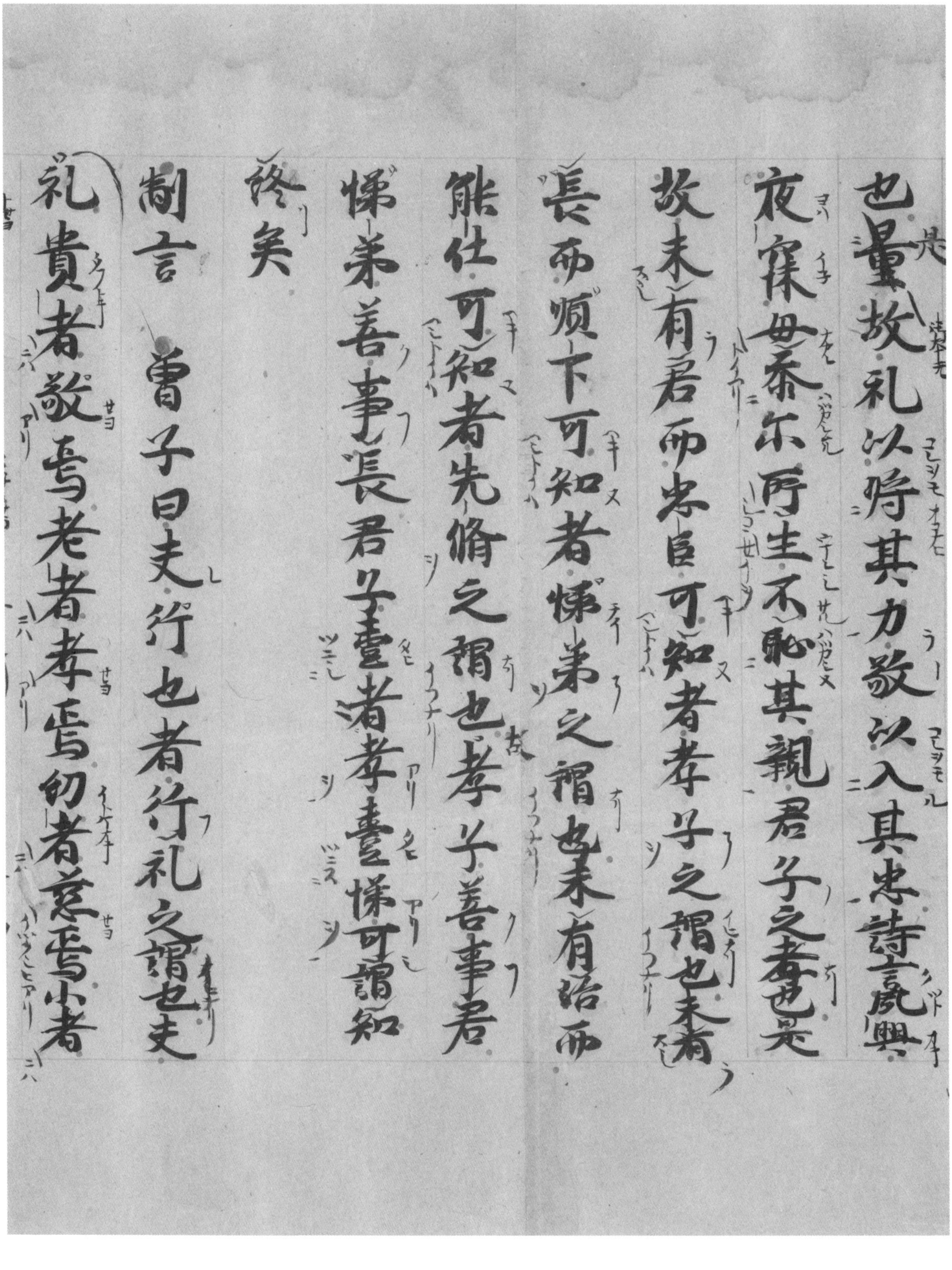

也量故礼以将其力敬以入其忠詩云夙興
夜寐毋忝尓所生不恥其親君子之孝也是
故未有君而忠臣可知者孝子之謂也未有
長而順下可知者悌弟之謂也未有治而
能仕可知者先脩之謂也孝子善事君
悌弟善事長君子壹孝壹悌可謂知
終矣
制言　曾子曰夫行也者行礼之謂也夫
礼貴者敬焉老者孝焉幼者慈焉少者

礼貴者敬焉老者孝焉幼者慈焉少者友焉賤者恵焉此礼也弟子毋曰不我知也鄙夫鄙婦相會于廬陰可謂密矣明日則或揚其言者故士執仁與義而不聞行之未篤也故蓬生麻中不扶乃直白沙在泥与之皆黒是故人之相人之相与也譬如舟車然相濟達也已先則援之彼先則推之是故人非人不濟馬非馬不走土非土不高水非水不流弟

【第三十紙】

馬非馬不走士非士不髙水非水不流弟子問於曽子曰夫士何如則可為達矣曽子曰不能則學疑則問欲行則比賢雖有險道循行達矣今之弟子病下人不知事賢恥不知而又不問是以惑闇終其世而已矣是謂窮民

疾病

曽子曰君子之務蓋有矣夫繁華而寡者天也言多而行寡者人也鷹鶽以山為卑而巢其上魚鼈黿鼉以淵為淺而穴

以山為庳而巢其上魚鼈黿鼉鼉渕
為淺穴居穴其中卒其所以得者餌也是
故君子苟毋以利害義則辱何由至哉
親戚不悅不敢外交近者不親不敢求
遠小者不審不敢言大故人之生也百歲
之中有疾病焉故君子思其不可復者
而先施焉親戚既沒雖欲孝誰為孝
乎年既耆艾雖欲悌誰為悌乎故
孝有不及悌有不時其此之謂與言

孝有不及悌有不特其此之謂与言
不逮身言之主也行不逮身行之本
也言有主行有本謂之有聞也君子
尊其所聞則高明矣行其所聞則廣
大矣高明廣大在於他加之志而已矣
与君子游苾乎如入蘭芷之室久而不
聞則与之化矣与小人游膩乎如入魚次
之室久而不聞則与之化矣是故君
子慎其所去就与君子游如長日加益

子慎其所去就与君子游如長日加益

而不自知也与小人游如履薄氷毎

履而下幾何而不陥乎哉

群書治要巻第卅五

文應之暦仲冬之比依為進上辛酉歳

匪勘文參華之次甲乙老亡

賓蔵滅法本校合點之人蓋是

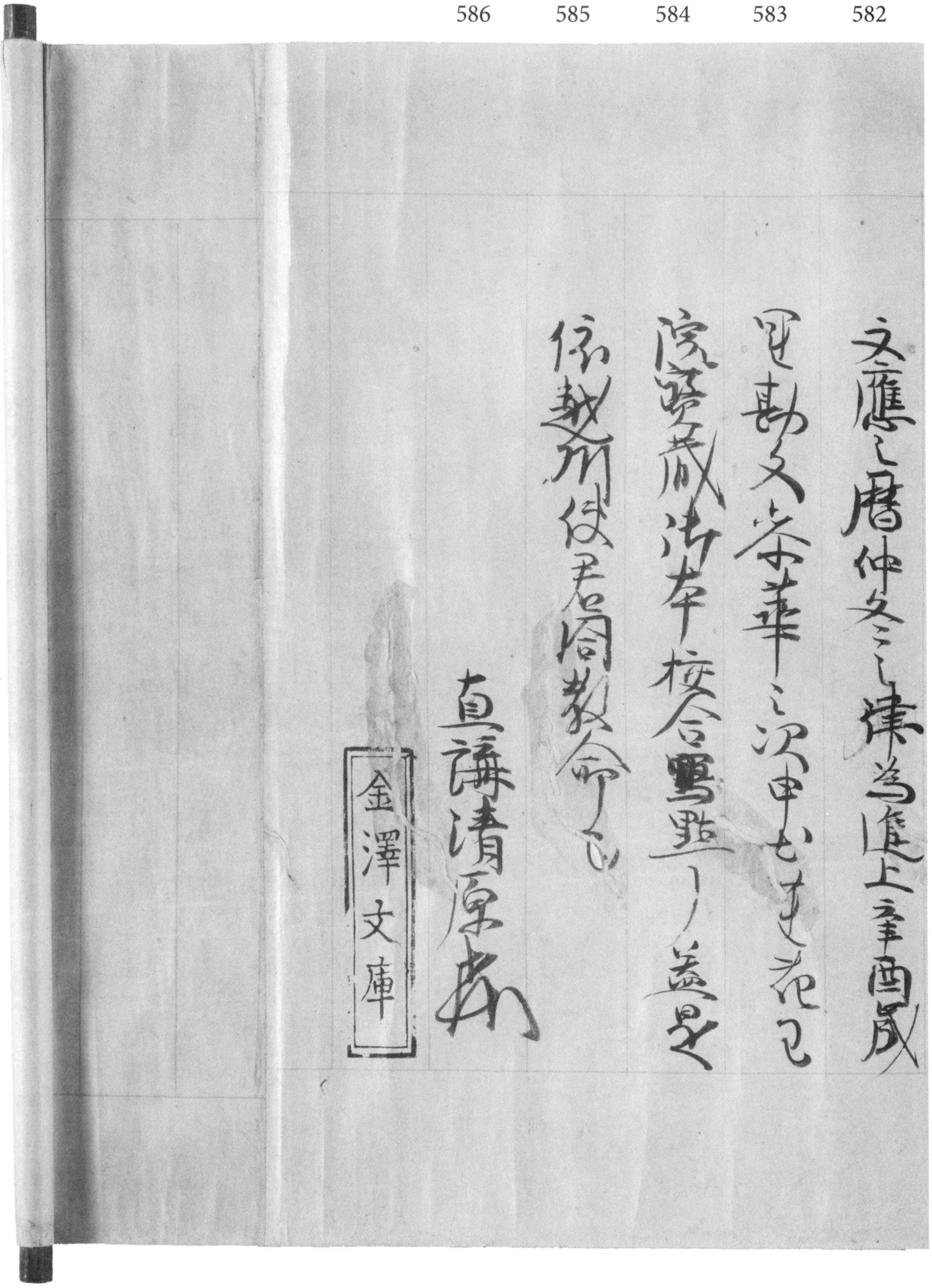

582 文應之暦仲冬之律為進上辛酉歳

583 匪勘文字華之沢中也其花已

584 院寳蔵御本校合點了蓋是

585 依越州使君尚教命也

586 直講清原

群書治要 卅六
圖書寮
部號 117
冊數 48
函號 特 3

群書治要巻第卅六　祕書監鉅鹿男魏徵等奉　勅撰

呉子　商君書　尸子　申子

呉子　呉起

呉子曰古之圖國家者必先教百姓
而親万民有三不和不和於國不
可以出軍不和於軍不可以出陣不
和於陣不可以進戰凡兵所起者五
一曰爭名二曰爭利三曰積德四曰内

一曰爭名二曰爭利三曰積德四曰内
乱五曰因飢其名又五一曰義兵二曰
強兵三曰剛兵四曰暴兵五曰逆兵
禁暴救乱曰義恃衆以伐曰強因怒
興師曰剛棄礼貪利曰暴國危民疲
舉事動衆曰逆五者之數各有其道
退義必以礼服強必以讓服剛必以辭
服暴必以詐服逆必以權此其勢也夫

論將

總文武者軍之將也兼剛柔者兵之

【第二紙】

論將

揔文武者軍之將也兼剛柔者兵之事也凡人之論將恒觀之於勇〻之於將乃數分之一耳夫勇者輕〻合〻而不知利未可也故將之所慎者五一曰理二曰備三曰果四曰戒五曰約理者治衆如治寡者出門如見敵果者臨敵不懐生戒者雖克如始戰約者法令省不煩受命而辭不言返將之礼也故師出之日有死而

本書　受命而不辭　敵破而後言返將

辟敵破而後言返將之礼也

反狩之礼也故師出之日有死而
榮無生而辱也凡制國治軍必教
之以礼厲以義在大足以戰在小足
以守矣然戰勝易守勝難是故以
勝得天下者稀以亡者衆
武侯曰願聞陣必定戰必勝守必固
之道對曰君使賢者居上不肖
處下則陣巳定矣民安其田宅親
其有司則守巳固矣百姓皆是

【第三紙】

其有司則守已固矣百姓皆是
吾居而非隣國則戰已勝矣武侯

治兵

問曰兵以何爲勝吳子曰兵以治爲
勝又問不在衆乎對曰若法令不
明賞罰不信金之不止鼓之不進
雖有百万之師何益於用所謂治者
居則有礼動則有威進不可當退
不可追前却如節左右應麾投之
所往天下莫當名曰父子之兵也武

所往天下莫當名曰父子之兵也武
厲士
侯曰嚴刑明賞足以勝敵乎吳子
曰嚴明之事非所恃也發號布令
而民樂聞興師動衆而民樂戰交
兵接刃而民安死此三者人之所
恃武侯曰致之奈何對曰君舉有
功而進之饗無功而厲之於是武
侯設坐廟廷為三行饗士大夫上
功坐前行肴席無重器上牢次

功坐前行肴席無重器上牢次
功坐中行肴席器差減無功後行肴
席無重器畢而出乃人班賜有
功者之父〻母〻没則妻子於廟
門之外亦以功為差歟唯無功
者不得耳死事之家歲使〻者
勞賜其父母行之五年秦人興師
臨於西河魏士聞之介冑不待吏
令奮擊之者以万數吳子曰臣聞之

【第四紙】

介冑擊之者以万數吳子曰臣聞之
之人有短長氣有盛衰君試發無
功者五万人臣請率以當之其可
令使一死賊於曠野千人追之
莫不梟視狼顧何者恐其暴起
而害己也是則一人投命足懼千
夫今臣以五万之衆而為死賊以率
討之固難當矣武侯從之兼車五百
乘騎三千迄而以破秦五十万衆

此段勘本書在圖國篇內符

乘騎三千逐而以破秦五十万衆
此厲士之功也
魏武侯嘗謀事群臣莫能及罷朝
而有喜色吳起進曰昔楚莊王謀
事群臣莫及罷朝而有憂色曰
寡人聞之世不絶聖人國不乏賢能
得其師者王能得其友者霸今寡
人不才而群臣莫之過國其殆矣莊王
所憂而君悦之臣竊懼矣於是武

【第五紙】

所憂而君悅之臣竊懼矣於是武
侯乃慙

商君書　　商鞅

六法

先王當時而立法度務而制事法
宜其時則治事適其務故有功然
則法有時而治事有當而功今時移
而法不變務易而事以古是法与時
詭而事与務易也故法立而乱益為

詭而事与務易也故法立而乱益爲
事癈故聖人之治國也不法古不脩
今當時而立功在難而能免今民能
変俗矣而法不易國形更勢矣而
務以古夫法者民之治也務者事之
用也國失法則危事失用則不成故
法不當時而務不適用不危者未之
有也
權脩

權脩

國之所以治者三一曰法二曰信三曰權
法者君臣之共操也信者君臣之所共
共立也權者君之所獨制也人主失守
則危君臣釋法任私則乱故立法明
分而不以私害法則治權制獨斷於君
則威民信其賞則事功下信其刑則
姦無端矣惟明王愛權重信而不以私
害法也故乱上多惠言而不克其賞則

【第六紙】

害法也故亂上多惠言而不克其賞則
下不用數加嚴令而不致其刑則民傲
罪凡者文也刑者武也文武者法之約
也故明主慎法明主者不蔽之謂明不
不欺之謂察故賞厚而信刑重而信刑
重而必不失疏遠不私親近故臣不蔽主
而下不欺上安之為治者多釋治而任私
議此國之所以亂也先王縣權衡立尺
寸而至今法之其分明也夫釋權衡而

寸而至今法之其分明也夫釋權衡而
斷輕重廢尺寸而意長短雖察商賈
不用為其不必也故法者國之權衡也
夫背法度而任私議皆不知類者也故
立法明分中程者賞毀公者誅賞誅之
法不失其議故民不爭不以爵祿便
便延親則勞臣不怨不以刑罰隱疏
遠則下親上故官賢選能不以其勞
則忠臣不進行賞賦祿不稱其功則

【第七紙】

則忠臣不進行賞賦祿不稱其功則
戰士不用凡人臣之事君也以主之
好事君〻好法則臣以法事君〻好言
則臣以言事君〻好法則端直之士在
前君好言則毀譽之臣在側公私之分
明則小人不嫉賢而不肖者不妬功
故三王以義親天下五伯以法正諸侯
皆非私天下之利也今亂世之君臣區
〻然皆欲擅一國之利而管一官之重

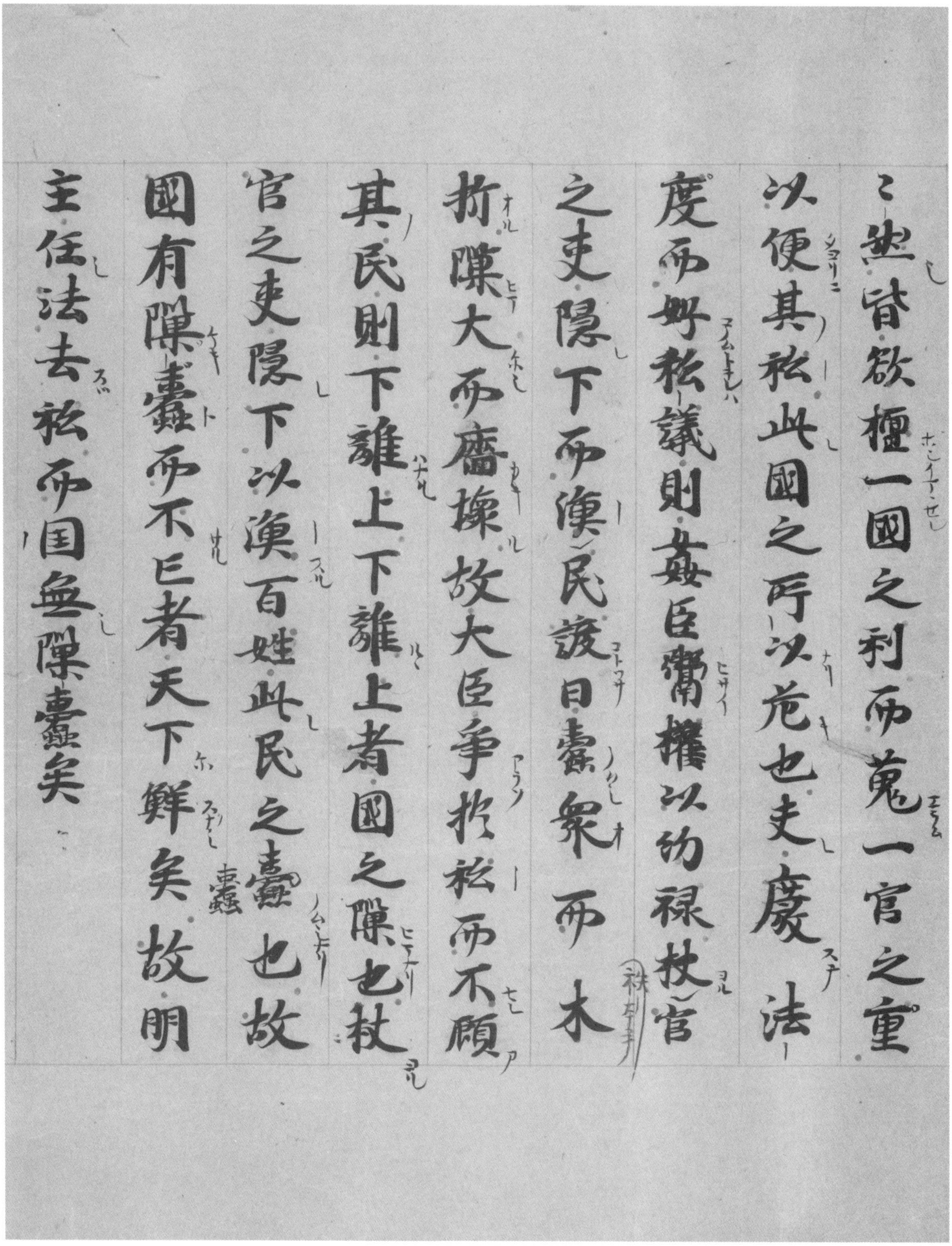
之然皆欲擅一國之利而專一官之重
以便其私此國之所以危也夫廢法
度而好私議則姦臣鬻權以約祿枝官
之吏隱下而漁民諺曰蠹衆而木
折隙大而牆壞故大臣爭於私而不顧
其民則下離上下離上者國之隙也枝
官之吏隱下以漁百姓此民之蠹也故
國有隙蠹而不亡者天下鮮矣故明
主任法去私而國無隙蠹矣

主任法去私而国無隙蠹矣
定分
法令者民之命也為治之本也所以備
民也智者不得過愚者不得不及名分
不定而欲天下之治是猶欲無飢
而去食無寒而去衣也其不幾亦明
矣一兎走而百夫逐之非以兎為可
分以為百由名之未定也夫賣兎者
満市盗不敢取由名分之定也故名

【第八紙】

滿市盜不敢取由名分之定也故名
分未定堯舜禹湯且皆加務而逐之
名分已定貪盜不取今法令不明其名
不定天下之人得議之此所謂名分不
定也夫名分不定堯舜猶將皆折而
姧之而況衆人乎故聖人必為法令
置官也置吏也為天下師所以定分也
名分定則大詐真信巨盜愿愨而各自
治也故夫名分定勢治之道也名分不

治也故夫名分定勢治之道也名分不定勢乱之道也故勢治者不可乱勢乱者不可治也夫勢乱而欲治之愈乱乱矣勢治而治之則治矣故聖人治治不治乱也聖人為民法必使之明白易知愚智徧能知之万民無陷於険危也故故聖人立天下而天下無刑死者非可刑殺而不刑殺也万民皆知所以避禍就福而皆自治也明主自治之故天下

【第九紙】

就福而皆自治也明主自治之故天下
大治也
尸子　尸佼
勸學
學不倦所以治己也教不厭所以治人也
是故子路卞之野人子貢衛之賈人
顔涿聚盜也顓孫師駔也孔子教之
皆為顯士夫學譬之猶礪也夫昆吾之
金而銖父之錫使干越之工鑄之以為劍

金而銖文之錫使于越之工鑄之以為劍而弗加砥礪則以刺不入以擊不斷磨之礱礪加之以黄砥則其刺也無前其擊也无下自是觀之礪之與弗礪其相去遠矣今人皆知礪其劍而弗知礪其身夫學身之砥礪也夫子曰車唯恐地之不堅也舟唯恐水之不深也有其器則以人之難為易夫道以人之難為易也是故曾子曰父母愛之嘉而不忘

也是故曾子曰父母愛之喜而不忘父母惡之懼而無怨然則愛與惡其於成孝無擇也史鰌曰君親而近之至敬以遜貌而疏之無怨然則親與疏其於成忠無擇也孔子曰自娛設於隱括之中直己而不直人以善廢而不邑邑蘧伯玉之行也然則與廢其於成善無擇也屈侯附曰賢者易知也觀其富之所分達之所進窮之所

也觀其冨之所分達之所進窮之所

【第十紙】

不取然則窮與達其於成賢無擇也

是故愛惡親疏廢興窮達皆可以成義

有其器也桓公之舉管仲繆公之舉百里

此其德也與所以國甚僻小身至穢

汙而爲政於天下也今非比志意

也比容皃非比德行也而論爵列亦

可以却敵服遠矣農夫比粟商賈

比財列士比義是故監門逆旅農夫

【第十一紙】

比財列士比義是故監門逆旅農夫
陶人皆得與爲爵列私貴也德行公
貴也奚以知其然也司城子罕遇
乘封人而下其僕曰乘封人也奚
爲下之子罕曰古之所謂良人者
良其行也貴人者貴其心也今天
爵而人良其行而貴其心吾敢弗敬乎
以是觀之古之所謂貴非爵列也所
謂良非先故也人君貴於一國而不達

謂良非先故也人君貴於一國而不達
於天下天子貴於一世而不達於後
世惟德行与天地相弊也爵列者德
行之舍也其所息也詩曰蔽芾甘
棠翦勿敗召伯所憩仁者之所息
人不敢敗也天子諸侯人之所以貴
也桀紂厲之敗賤矣是故曰爵列非
貴也今天下貴爵列而賤德行是
貴甘棠而賤召伯也亦反矣夫德義

【第十二紙】

貴甘棠而賤召伯也亦反矣夫德義
也者視之弗見聽之弗聞天地以正
万物以倫無爵而貴禄而尊也

貴言

范獻子遊於河大夫皆存君曰孰知
欒氏之子大夫莫荅舟人清涓舍檝
而荅曰君奚問欒氏之子以爲
君曰自吾亡欒氏也其老者未死
而少者壯矣吾是以問之清涓曰

而少者壯矣吾是以問之清消曰君善脩晉國之政内得大夫而外不失百姓雖欒氏之子其若君何君若不循晉國之政内不得大夫而外失百姓則舟中之人皆欒氏之子也君曰善哉言明日朝令賜舟人清消田万百清消辭君曰以田此也易彼言也子尚喪寡人猶也古之貴言也若此匡天下一天下一天下者令

【第十三紙】

也若此臣天下一天下一天下者令
於天下則行禁焉則止縣付令天下
者不行禁焉而不止故得臣也
目之所美心以為不義弗敢視也堤
所甘心以為非義弗敢食也耳之所
樂心以為不義不敢聽也身之所安
心以為不義弗玫服也然則令於天下
而行禁焉而止者心也故其甜心者身之
君也天子以天子受命於心不當則

君也天子以天子受命於心不當則
天下禍諸侯以國受令於心〻不當則
國亡匹夫以身受令於心〻不當則身
為僇矣禍之始也易除其除之不可
者避之及其成也欲除之不可欲避
之不可治於神者其事少而功多干
霄之木始若蘗足易盡也及其成達
也百人用斧斤弗能債也熛火始
起易息也及其焚雲夢孟諸雖

趣易息也及其焚雲夢盂諸雖
以天下之從搾江漢之水弗能救
也夫禍之始也猶熛火蘖足也易
止也及其措於大事雖孔子墨翟
之賢弗能救也屋焚而人救之則知
德之季者者使塗隟戒変故終身無
失火之患而不知德也入於囹圄解
於患難者則三族德之教之以仁義
慈悌則終身無患而莫之德夫禍

【第十四紙】

慈悌則終身無患而莫之德夫禍亡有要賢者行天下而務塞之則天下無兵患矣而莫之知德也故曰聖人治於神而愚人爭於神也天地之道莫見其所以長物而物長莫見其所以長物而長莫見其所以亡物而物亡聖人之道亦然其樂福也人莫之見而福興矣其除禍也人莫之知而禍除矣故曰神人益天下以財

【第十五紙】

之知而禍除矣故曰神人益天下以財
者為仁勞天下以力為義分天下以生
為神脩先王之術除禍難之本使天
下大夫耕而食婦人織而衣皆得
戴其首父子相保此其分万物以生
盈天下以財不可勝計也神也者万
物之始万事之紀也
四儀
行有四儀一曰志動不忘仁二曰智用不

行有四儀一曰志動不忘仁二曰智用不
忘義三曰力事不忘忠四曰口言不忘
信慎守四儀以終其身名功之從之
也猶形之有影聲之有響也是故志不
忘仁則中能寬裕智不忘義則行有
文理力不忘忠則動無廢功口不忘信
則言若符節若中寬裕而行文理動
有功而可言信也雖古之有厚功大名
見於四海之外知萬世之後者其行身

【第十六紙】

見於四海之外知一万世之後者其行身
也無以加於此矣

明堂

夫高顯尊貴利天下之徑也非仁者之
所以轉輕也何以知其然耶日之能燭遠
勢高也使日在井中則不能燭十步
矣舜之方陶也不能耕其巷下南面
而君天下蠻夷戎狄皆被其福目在
足下則不可以視矣天高明然後能燭

是下則不可視矣天高明然後能燭臨万物地廣大然後能載任群體其本不美則其枝葉茎心不得美矣此古今之大徑也是故聖王謹脩其身以君天下則天道至焉地道稽焉万物度焉古者明王之求賢也不避遠近不論貴賤卑爵以下賢輕身以先士故堯從舜於畎畝之中北面而見之不争礼貌此先王之所以能正天地利万物之故也

【第十七紙】

此先王之所以能正天地利万物之故也
今諸侯之侯之君廣其土地之富而奪
其兵革之強以驕士士亦務其德行美
其道術以輕上此仁者之所非也曾子
曰取人者必畏與人者必驕今說者懷
畏而聽者懷驕以此行義不亦難乎
非求賢務士而能致太名物天下
者未之嘗聞也夫士不可妄致也覆巢
破卵則鳳皇不奉焉到胎焚芡則騏

破卵則鳳皇不至焉刳胎焚夭則騏
驎不往焉竭澤漉魚則神龍不下焉
夫禽獸之愚而不可妄致也而況於
火食之民乎是故曰待士不敬舉士不
信則善士不往焉聽言耳目不瞿視聽
不深則善言不往焉孔子曰大哉河海
乎下之也夫河下天下之川故廣人下
天下之士故大故曰下士者得賢下敵
者得友下衆者得譽故度於往古觀

者得友下衆者得譽故度於往古觀
於先王非求賢務士而能立功於天下
成名於後世者未之嘗有也夫求士
不遵其道而能致士者未之嘗見也
然則先王之道可知已務行之而已矣

分

天地生萬物聖人裁之裁物以制分便事
以立官君臣父子上下長幼貴賤親
疏皆得其分曰治愛得分曰仁施得

【第十八紙】

陳皆得其分曰治愛得分曰仁施得
分曰義慮得分曰智動得分曰適言得
分曰信皆得其分而後為成人明王之
治民也事少而功立身逸而國治言寡
而令行事少而功多守要也身逸而國
治用賢也言寡而令行正名也君人
者苟能正名愚智盡情執一以靜令
名自正令事自定賞罰隨名民莫不
敬周公之治天下也酒肉不徹於前鐘

敬周公之治天下也酒肉不徹於前鍾
鼓不解於懸聽樂而國治勞無事焉飲
酒而賢舉智無事焉自為而民富仁
無事焉知此道也者衆賢為役愚智
盡情矣
明王之道易行也勞不進一步聽獄不
後皐陶食不損一味富民不後虞舜
樂不損一日用兵不後湯武書之不盈
尺簡南面而立一言而國治堯舜復生

【第十九紙】

夫舜南面而立一言而國治堯舜復生
弗能更也身無變而治國無變而王湯
武復生弗能更也執一之道去智與巧
有虞之君天下也使天下貢善殷周之
君天下也使天下貢才夫至衆賢而能
用之此有虞之盛德也
三人之所廢天下弗能興也三人之所
興天下弗能廢也親曰不孝君曰不
忠友曰不信天下弗能興也親言其

忠〻曰不信天下弗能興也觀言其
孝君言其忠〻言其信天下弗能廢
也符節合之則是非自見行〻有符
三者合則行自見矣此所以觀行也諸
治官臨衆者上比度以觀其賢案法以
觀其罪吏雖有邪僻無所逃之所以
觀勝任也群臣之愚智日効於前擇
其知事者而令之謀群臣之所舉日
効於前擇其知人者而令之舉群臣

効於前擇其知人者而令之舉羣臣
之治亂曰効於前擇其勝任者而令之
治羣臣之行可得而察也擇其賢者
而舉之則民競於行勝任者治則百
官不亂知人者舉則賢者不隱智事
者謀則大舉不失聖王正無於朝而四
方治矣是故曰正名者偽事成為化以
實覈名百事皆成夫用賢使能不勞
而治正名覈實不罰而威達情見素

【第二十紙】

而治正名覆實不罰而威達情見素
則是非不蔽復奉原始則無若符
節良士之馬易御也聖王之民易治
也其此之謂乎
發蒙
若夫名分聖之所審也造父之所与
交者少操轡馬之百節皆与明主之所
以与下交者少審名分群臣莫敢
不盡力竭智矣天下之可治分成

不理盡爲竭智矣天下之可治分成
也是非之可辯名定也無過其實罪
也弗及愚也是故情理而不偽
質素而無能故有道之君其無易
聽此名分之所審也若夫臨治事
者案其法則民敬事任士進賢者
保其後則民慎舉議國親事者盡
其實則民敬言孔子曰臨事而懼希
不惰易日若履虎尾終之吉若羣

【第二十一紙】

不俻易曰若履虎尾終之吉若群
臣之衆皆戒愼恐懼若履虎尾則
何不濟之有乎君明則臣少罪夫
使衆者詔作明遲分地則速是何
也無所逃其罪也言各有地不可分也
君臣同地則臣有所逃其罪矣故
陳繩則木之枉者有罪措准則地
之險者有罪審名分則群臣之不
審者有罪夫愛民且利之也愛而不

審者有罪夫愛民且利之也愛而不
不利則非慈母之德也好士且知之也
好而弗知則衆而無用也力於朝且治
之也力而弗治則勞而無功矣三者雖
異道一也是故曰審一之經而百事乃
成審一之紀百事乃理名實判為兩
合為一是非隨名實賞罰隨是非
是則有賞非則有罰人君之所獨斷
也明君之立也正其貌莊其心虛其視

諜 犬條反間也又諜諜

也明君之立也正其顏莊其心虚其視不躁其聽不淫審分應辭以立於廷則隱遠疏遠雖有非焉必不多矣明君不用長耳目不行閒諜不旌聞見形至而觀聲至而聽事至而應近者不過則遠者治矣明者不失則微者敬矣家人子姪和臣妾力則家富丈人雖厚衣食無傷也子姪不和臣妾不力家貧丈人雖薄衣

【第二十二紙】

姪不和臣妾不力家貧大人雖薄衣食無益也而況於万乘之君乎國之所以不治者三不知用賢此其一也雖知用賢求不能得此其二也雖得賢不能盡此其三也正名以御之則堯舜之智必盡矣明分以示之則桀紂之暴必止矣賢者盡暴者止則治民之道不可以加矣聽朝之道使人有分大善者必問孰進之有大過者

有分大善者必問孰進之有大過者
必云孰任之而行賞罰焉且以觀賢
不肖也今有大善不問孰進之有大
過者不問孰任之則有分無益已問孰
任之而不行賞罰焉則問之無益已
是非不得見得之蔽見而弗能知謂
之虛知而弗能賞罰謂之縱三者亂
之本也明分則不蔽正名則不虛賞
賢罰暴則不縱三者治之為也於

【第二十三紙】

賢罰暴則不從三者治之為也於
群臣之中賢則貴之不肖則賤之治
則使之不治則愛之不忠則罪之
賢不肖治不治忠不忠由觀之猶
白黑也陳繩而斷之則巧拙易知也
吏觀群臣亦有繩以名列之則雖堯
舜亦服矣愚事而當不若進賢而
當不若知賢々々又能用之備矣
治天下之要在於正々名々去偽事

治天下之要在於正〻名〻去偽事
若化苟能正名天成地平為人臣者以
進賢為功為人君者以用賢為功為
人臣者進賢是自為置上也自為
置上而無賞是故不為也進不肖
者是自為置下也自為置下而
無罪是故為之也使進賢者必有
賞進不肖者必有罪無敢進也者
為無能之人若此則必多進賢矣

為無能之人若此則必多進賢矣

恕

恕者以身為度者也己所不欲毋加諸
人惡諸人則去諸己欲諸人則求諸己
此恕也農夫之耨去害苗者也賢者
之治者害義者也慮之無益於義
而慮之此心之穢也道之無益於義
而道之此言之穢也為之無益於義
而為之此行之穢也慮中義則智為

【第二十四紙】

而為之此行之穢也慮中義則智為
上言中義則言為師事中義則行
為法射不善而欲教他人〻不學也
行不脩而欲談人〻不聽也夫驥惟
伯樂獨知之不害其為良馬也行亦
然唯賢者獨知之不害其為善士也
治天下
治天下有四術一曰忠愛二曰無私三
日用賢四曰度量〻〻適則財足矣

日用賢四日度量〻〻通則財足矣
用賢則多功矣無私百智之宗也忠
愛父母之行也奚以知其然父母之所
畜子者非賢強也非聰明也非俊智
也愛之憂之欲其賢己也人利之與
我利之無擇也此父母所以畜子也然
則愛天下欲其賢己也人利之與我
利之無擇也則天下之畜亦然矣此堯
之所以畜天下也有虞氏盛德見人有

【第二十五紙】

之所以畜天下也有虞氏盛德見人有
善如已有善人有過如已有過天無私
於物地無私於物襲此行者謂之天下
誠愛天下者得賢矣以知其然也弱
子有疾慈母之見秦醫也不爭禮貌
在囹圄其走大吏也不愛資財視
天下若子是故其見醫者不爭禮
貌其奉養也不愛資財故文王之
見太公望也一日五反桓公之奉管

見太公望也一日五反桓公之奉管
仲也列城有數此其所以其僻小身
至穢汙而為正於天下也鄭簡公謂
子產曰飲酒之不樂鐘鼓之不鳴寡
人之任也國家之不乂朝廷之不治
與諸侯交之不得志子之任也子產
治鄭國無盜賊道無餓人孔子曰
若鄭簡公之好樂雖抱鐘而朝可
也夫用賢身樂而名附事少而功

也夫用賢身樂而名附事少而功
多國治而能逸
凡治之道莫如因智之道莫如因賢
譬之猶相馬而借伯樂也相玉而借
猗頓也亦必不過矣今有人於此盡
力以爲舟濟大水而不用也盡力以
爲車行遠而不乘也則人必則人
必以爲無慧今人盡力以學謀事則
則不借智處行則不因賢舍其學

【第二十六紙】

則不借智處行則不因賢舍其學
不用也此其無慧有甚於舍舟而涉
舍車而走者矣
仁意
治水潦者禹也播五種者后稷也聽獄
折衷者皐陶也舜無為也而天下以為
父母愛天下莫甚焉天下之善者惟
仁也夫喪其子者苟可以得之無擇也
仁者之於善也亦然是故堯舉舜於畎

仁者之於善也亦然是故堯舉舜於畎
畝湯舉伊尹於雍人內舉不避親外
舉不避讎仁者之於善也無擇也
吠悪也唯善之所在堯問於舜曰
何事舜曰事天平地而注水ゝ流溼均
薪而施火ゝ從燥召之類也是故
堯為善而衆美至焉桀為非而衆惡
至焉
廣

【第二十七紙】

廣

曰井中視星所視不過數星自丘上

以視則見其始出又見其入非明益也

勢使然也夫私心井中也公心丘上也

故智載於私則所知少載於公則所知

多矣何以知其然夫吳越之國以臣妾為

殉中國聞而非之怒則以親戚殉一言

夫智在公則愛吳越之臣妾在私則

忌其親戚非智損也怒弇之也好亦

辱其親戚非智損也怒弇之也好亦
然語曰莫知其子之惡也非智損也愛
弇之也是故夫論貴賤辨是非者必
且自公心言之自公心聽之而後可知也
匹夫愛其宅不愛其鄰諸侯愛其國
不愛其敵天子兼天下而愛之大也
綽子
堯養無告禹愛辜人湯武及禽獸此
先王之所以安危而懷遠也聖人於大私

先王之所以安危而懐遠也聖人於大私之中也為無私其於大好悪之中也為無好悪舜曰南風之薫兮可以觧吾民之慍兮舜不歌禽獸而歌民湯曰朕身有罪無及万方万方有罪朕身受之湯不私其身而私万方文王曰苟有仁人何必周親不私其親而私万國先王非無私也所私者与人不同也

處道

【第二十八紙】

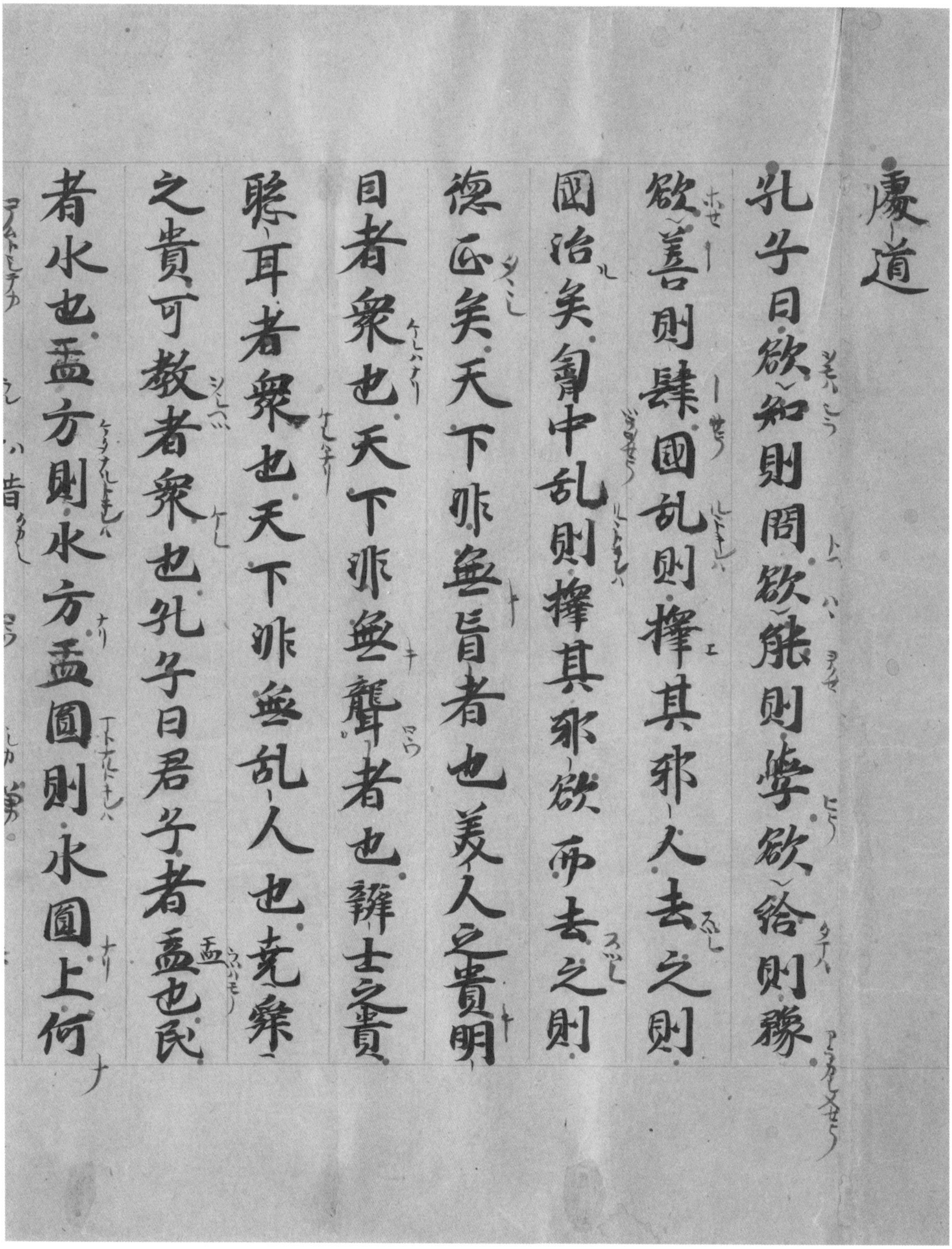
慮道
孔子曰欲知則問欲能則學欲給則豫
欲善則肄國乱則擇其邪人去之則
國治矣胷中乱則擇其邪欲而去之則
德正矣天下非無盲者也美人之貴明
目者衆也天下非無聾者也辯士之貴
聡耳者衆也天下非無乱人也堯舜
之貴可教者衆也孔子曰君子者盂也民
者水也盂方則水方盂圓則水圓上何

者水也盂方則水方盂圓則水圓上何好而民不從者昔者句踐好勇而民輕死靈王好細腰而民多餓夫死与餓民之所惡也君誠好之百姓自然而況仁義乎桀紂之有天下也四海之内皆乱而関龍逢王子比干不与焉而謂之皆乱皆乱者衆也堯舜之有天下也四海之内皆治而丹朱商均不与焉而謂之皆治其治者衆也故曰君誠服之百姓自然卿大夫服之百

【第二十九紙】

故曰君誠服之百姓自然卿大夫服之百
姓若逸官長服之百姓若流夫民之可教
者衆故曰猶水也徳者天地万物得也
義者天地萬物宜也
礼者天地萬物體也使天地万物皆得
其宜當其體者謂之大仁食所以
為肥也壹飲而聞人曰美若則皆笑
之夫治天下大事也今人皆壹飲而
聞美若者也善人以治天地則可矣
我美為而人善仲尼曰得之身者

我奚爲而人善仲尼曰得之身者
之民失之身者失之民不出於戶而
知天下不下其堂而治四方知反之
於己者也以是觀之治己則人治
矣
神明
仁義聖智參天地天若不覆民將何
恃何望地若不載民將安居安行聖
人若弗治民將安率安將是故天

人若弗治民將安率安將是故天覆之地載之聖人治之聖人之身猶日也夫日圓尺光盈天地聖人之身小其所燭遠聖人正己而四方治矣上綱苟直百目皆開德行苟直群物皆正正也者正人者也身不正則人不從是故不言而信不怒而威不施而仁有諸心而彼正謂之至故今人曰天乱矣難以為善此不然也夫飢者易

【第三十紙】

乱矣難以為善此不然也夫飢者易
食寒者易衣此乱而後易為德也

申子　不害

大體

夫一婦擅夫衆婦皆乱一臣専君群臣
皆蔽故妬妻不難破家也而乱臣不
難破國也是以明君使其臣並進輻湊
莫得専君今人君之所以高為城郭而
謹門閭之閉者為寇戎盜賊之至也今

謹門閭之閉者為寇戎盜賊之至也今夫弑君而取國者非必踰城郭之險而犯門閭之閉也蔽君之明塞君之聽奪之政而專其令有其民而取其國矣今使烏獲彭祖負千鈞之重而懷琬琰之美令孟賁成荊帶干將之劍衛之行乎幽道則盜猶偷之矣今人君之力非賢乎為獲彭祖而勇非賢乎孟賁成荊也其所守者非特琬琰之美千金之重也而欲勿失其

【第三十一紙】

者非特琬琰之美千金之重也而欲勿失其
可得邪明君如身臣如手君若號臣
如響君設其本臣操其末君治其要
臣行其要恆行其詳君操其柄臣事
其常為人臣者操契以責其名名者天
地之綱聖人之符張天地之綱用聖人
之符則万物之情無所逃之矣故善
為主者倚於愚立於不盈設於不敢

【第三十二紙】

藏於無事竄端匿疏示天下無為是

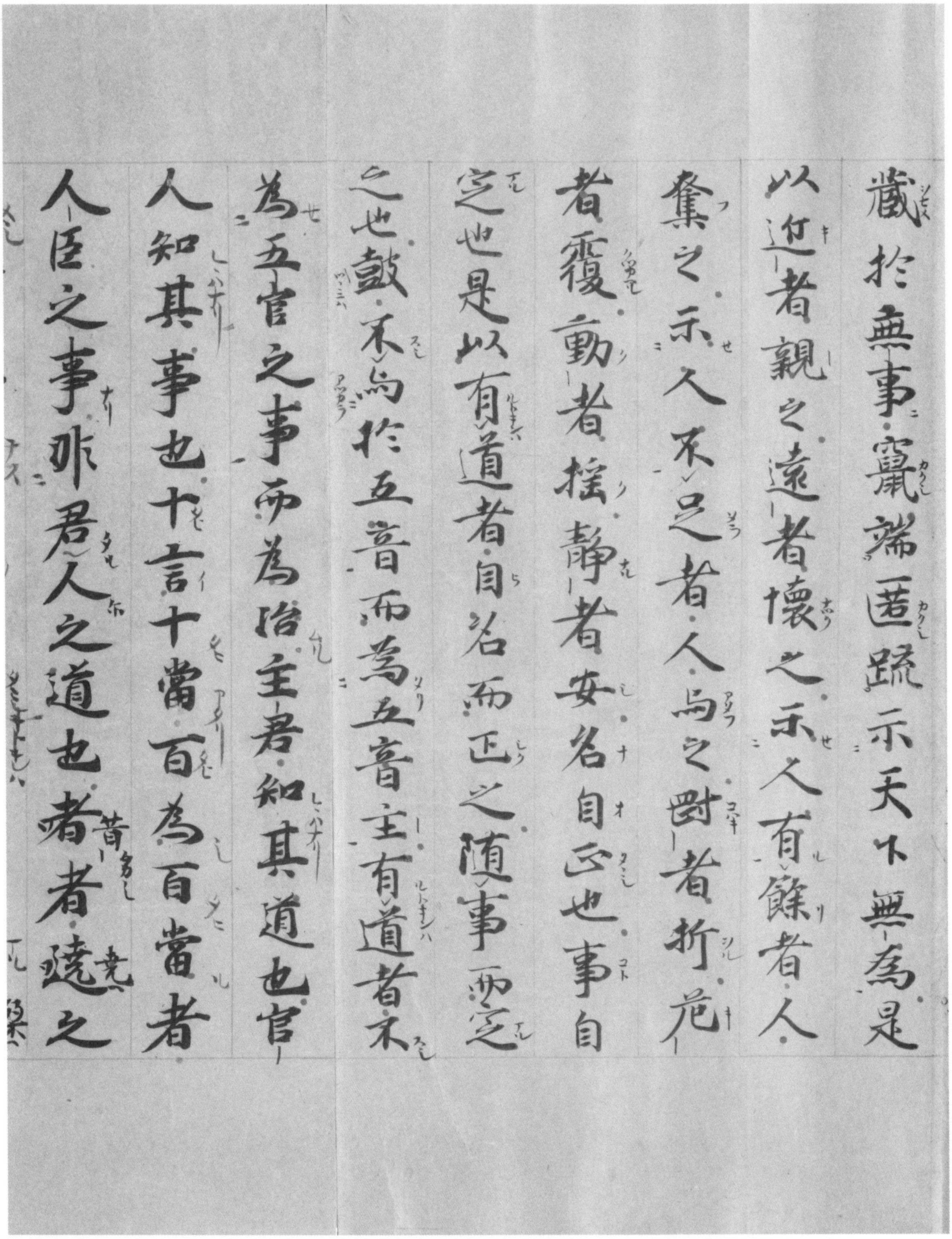
【第三十二紙】
藏於無事竄端匿跡示天下無為是
以近者親之遠者懷之示人有餘者人
奪之示人不足者人與之鬥者折危
者覆動者搖靜者安名自正也事自
定也是以有道者自名而正之隨事而定
之也皷不為於五音而為五音主有道者不
【第三十三紙】
為五官之事而為治主君知其道也官
人知其事也十言十當百為百當者
人臣之事非君人之道也者者遠之

人臣之事非君人之道也者者遶之
治天下也以名其名正則天下治桀
之治之下也亦以名倚而天下乱是以
聖人貴名之正也主處其大臣其細以
其名聽之以名其視之以其名命之鏡
設精無為而美惡自備衡設平無為
而輕重自得凡因之道所与私無事
無事而天下自極也

【第三十四紙】

群書治要巻第卅六

點本奥云

長寛二年五月十五日

正五位下行大内記藤原朝臣敦周點進

文應元年孟冬之候為進上草

命勘發卷把之次申出蓮華王院

寶蔵御本校之點之了

直講清原教隆

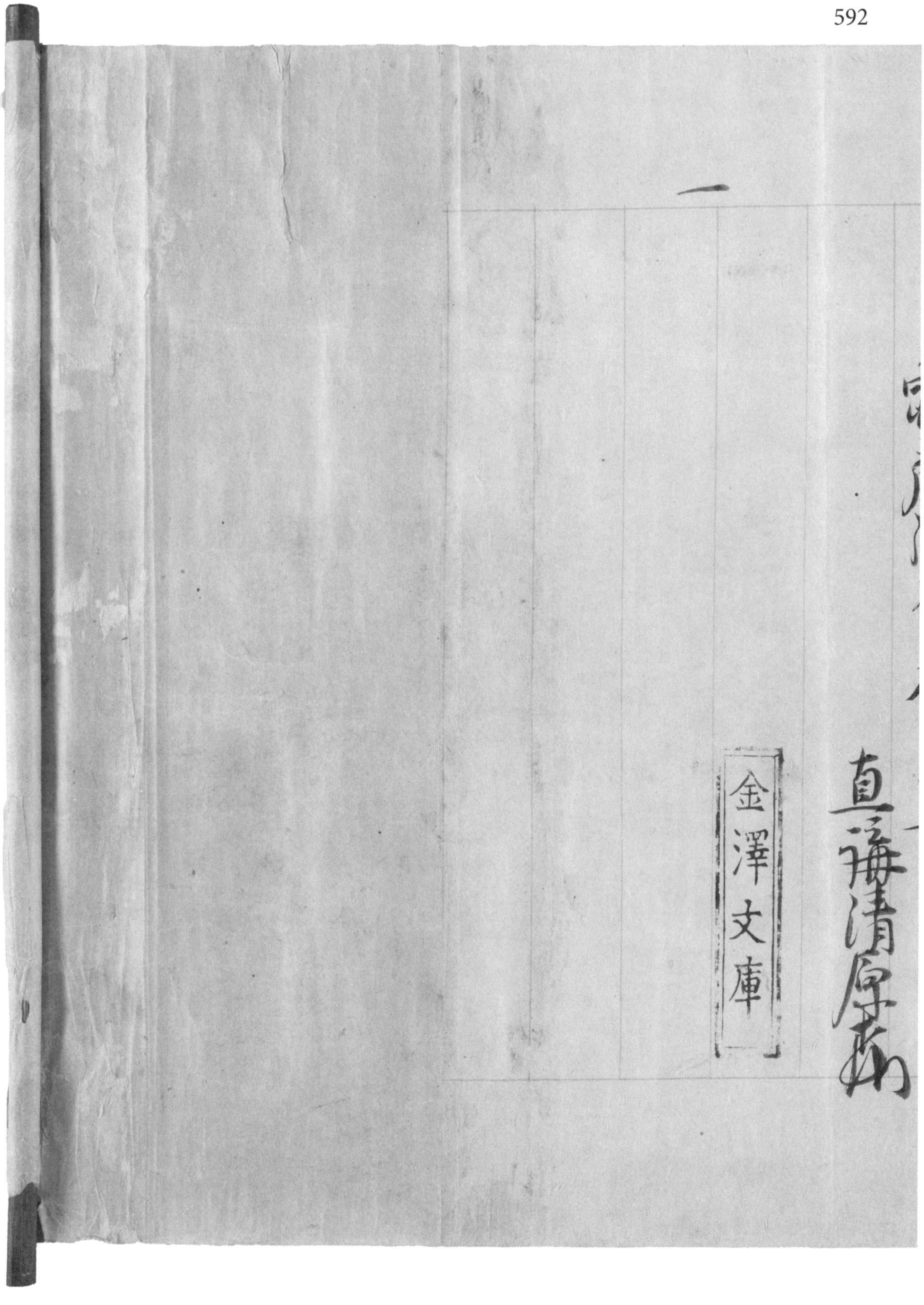
金澤文庫

群書治要卅七
圖書寮
函號 117
冊數 48
品號 特 3

【第一紙】

群書治要巻第卅七　　秘書監鉅鹿男臣魏徵等奉　勅撰

孟子　　愼子　　尹文子

莊子　　尉繚子

孟子

梁惠王

孟子見於梁惠王。王曰叟不遠千里而來

【第二紙】

亦將有以利吾國乎。孟子對曰王何必曰

利亦曰仁義而已矣　王何必以利爲名乎亦唯有仁義之道者可以利爲名耳

利亦曰仁義而已矣王何必以利爲名乎亦唯有仁義之道者可以利爲名耳以利爲名則有不利之患矣王曰何以利吾國大夫曰何以利吾家士庶人曰何以利吾身上下交征利而國危矣征取也從王至庶人各欲取利其利必至於簒殺未有仁而遺其親未有義而後其君者也梁惠王曰寡人願安承教願安意承受孟子之教令孟子對曰殺人以梃與刃有以異乎梃杖曰無以異也以刃與政有以異乎曰無以異也以刃與政殺人無異也庖有肥馬民有飢色野有餓莩此

玉云數因也王本作殍

【第三紙】

與殘殺人無異也

庖有肥馬民有飢色野有餓莩此

率獸而食人也獸相食人且惡之為民父

母行政不免率獸而食人惡在其為民父母

也　為政乃若率禽獸食人安在其為民父母之道　齊宣王問曰文王之

囿方七十里有諸孟子曰有之曰若是其大

乎　王怪其大也　曰民猶以為小也曰寡人之囿方

卌里耳民以猶為大何也曰文王之囿方

七十里蒭蕘者往焉雉兎者往焉與民

同之民以為小不亦宜乎臣聞郊關之内

同之民以為小不亦宜乎臣聞郊關之内有囿方卌里殺其麋鹿者如殺人之罪（郊關齊四境之郊皆有關也）則是以卌里為阱於國中也民以為大不亦宜乎（設阱者丈尺之間耳今乃方卌里民患其大不亦宜乎）

公孫丑

孟子曰人皆有不忍人之心（言人皆有不忍加惡於人之心也）先王有不忍人之心斯有不忍人之政矣以不忍人之心行不忍人之政治天下可運之於掌上（先聖推不忍害人之心以行不忍傷民之政以是治天下亦易於轉丸於掌上也）所以謂之人皆有不忍人之心者今有

民之政以是治天下可運於掌上

也所以謂之人皆有不忍人之心者今有
乍見孺子將入於井則皆有怵惕惻隱之心
由此觀之無惻隱之心非人也無羞惡之心非人
也無辭讓之心非正也無是非之心非人也
言無此四者當若禽獸非人之心也惻隱之心仁之端也羞惡
之心義之端也辭讓之心禮之端也是非
之心智之端也端者首也人之有是四端也猶
其有四體也有是四端而自謂不能者自
賊者也自賊害其性使爲不善謂其君不能者賊其君

【第四紙】

賊者也（自賊害其性使為不善）謂其君不能者賊其君者也（謂其君不能為善而不匡正者賊其君使陷悪者也）

孟子曰矢人豈不仁於函人哉矢人唯恐不傷人函人唯恐不傷人巫匠亦然故術枚不可不慎（矢箭也函鎧也作箭之人其性非獨不仁於作鎧之人也術使之然巫欲祝活人匠作棺欲其早售利在人死也故治術不可不慎脩其善者也）

孟子曰子路人告之以其過則喜禹聞善言則拜大舜又甚焉善與人同舍己從人樂取人以為善耕稼陶漁以至為帝無非取於人者取人以

宋本主注陳相者陳良之門徒也陳良者儒者也

稼陶漁以至為帝無非取於人者取人以為善是與人為善也故君子莫大乎與人為善（舜從耕於歴山及陶漁皆取人之善謀而從故曰莫大与人為善也）

滕文公　陳相見孟子道許行之言曰賢者與民並耕而食孟子曰天下有大人之事有小人之事或勞心或勞力勞心者治人勞力者治於人故能治人者食人不能治人者食於人天下之通義（勞心者君也勞力者民也君施教以治之民竭力治公田以奉食其上天下通義所常行也）當堯之時水横流

宋本書有為神農之言者許行之
注曰許姓行名也

【第五紙】

殺以治之臣竭力治公田以奉食其上天下通義所常行也 當堯之時水橫流
氾濫於天下堯獨憂之舉舜而治焉舜使
禹疏九河決汝漢八年於外三過其門而
不入雖欲耕得乎堯以不得舜為己憂舜
以不得禹皐陶為己憂分人以財謂之惠
教人以善謂之忠為天下得人謂之仁是
故以天下與人易為天下得人難
離婁 孟子曰離婁子之明公輸子之
巧不以規矩不能為方圓師曠之聰不以

巧不以規矩不能成方圓師曠之聰不以六律不能正五音堯舜之仁不以仁政不能平治天下（言當行仁恩之政天下乃可平）今有仁心仁聞而民不被澤不可法於後世者不行先王之道也（人心性仁也仁聞遠聞也雖然猶須行先王之道使百姓被澤乃可為後世法也）故曰徒善不足以為政徒法不能以自行（但有善心而不行之不足以為政但有善法度而不施之法度亦不能獨自行）聖人既竭目力焉継之以規矩準縄以為方圓既竭耳力焉継之以六律正五音既竭心思焉継之以不

繼之以六律正五音既竭心思焉繼之以不
忍人之政而仁覆天下也故爲高必因丘
陵爲下必因川澤爲政不因先王之法可
謂智乎 言因自然則用力少而成功多矣 是以唯仁者[redacted]在高
宜在高位不仁而
位是播其惡於衆也 仁者能由先王之道不仁者逆道則播揚其惡於衆人也
孟子曰三代之得天下也以仁其失天下
也以不仁國家之所以廢興存亡者亦然
天子不仁不保四海諸侯不仁不保
社稷卿大夫不仁不保宗廟士庶人不仁

【第六紙】

社稷卿大夫不仁不保宗廟士庶人不仁不保四體今惡死亡而樂不仁猶惡醉而強酒

孟子告齊宣王曰君之視臣如手足則臣之視君如腹心君之視臣如犬馬則臣之視君如國人君之視臣如土芥則臣之視君如寇讎（芥草芥也臣緣君恩以為差等）

告子

孟子曰今有無名之指屈而不申非疾痛害事如有能申之者則不遠秦楚之路為指之不若人也（无名之指手第四指也餘指皆有名無名）

本書旧注曰告子者告姓也子男子之通稱

楚之路為指之不若人也无名之指手第四指也餘指皆有名無名
指非手之用指也指不若人則知惡之心不若人則
不知惡此之謂不知類心不若人可惡之大者也而反惡指故曰不知類
類事也
孟子曰仁之勝不仁也猶水之勝火也今
為仁者猶以一杯水救一車薪之火也不
息則謂水不若猶以此杯與於不仁之甚
者也
孟子曰五穀種之美者也苟為不熟不如

【第七紙】

孟子曰五穀種之美者也苟為不熟不如荑稗夫仁亦在熟之而已矣（熟成也）

盡心

孟子曰以佚道使民雖勞不怨（謂教民趣農役不使失業當時雖勞後獲其利則逸矣）以生道殺民雖死不怨殺者（殺此罪人者其意欲生人也故雖伏罪而死不怨殺者也）

慎子

天有明不憂人之闇也地有財不憂人之貧也聖人有德而不憂人之危也天

【第八紙】

人之貧也聖人有惪而不憂人之危也天
雖不憂人之闇也闢戶牖必取己明焉
則天無事也地雖不憂人之貧也伐木刈
草必取己富焉則地無事矣聖人雖不憂
人危也百姓准上而比於其下必取己安
焉則聖人無事矣故聖人處上能無害
人不能使人無己害也則百姓除其害矣
聖人之有天下也受之也非取之也 有堯明之惪故 意本
百姓推而興之 乎豈其以之邪 百姓之於聖人也養之也非使

【第九紙】

百姓之於聖人也，養之也，非使聖人養己也，則聖人無事矣。（百姓推而興之耳，豈其以聖）毛嬙西施，天下之至姣也，衣之以皮倛，則見之者皆走；（荀卿曰：仲尼之狀，面若蒙倛。）易之以玄緆，則行者皆止。由是觀之，則玄緆色之助也，姣者辭之，則色厭矣。走背跋踚窮谷，野走千里，藥也，走背辭藥，則足廢。（理有相須而作，事有待具而成，故雖資傾城之觀，必俟衣裳之飾；雖有越常之足，必假藥物而後疾。故有才無勢，將顛躓於溝壑；有勢無才，亦騰乎風塵萬里。動之成，皆並耳。）故騰蛇遊霧，飛龍乘雲，雲罷霧

【第十紙】

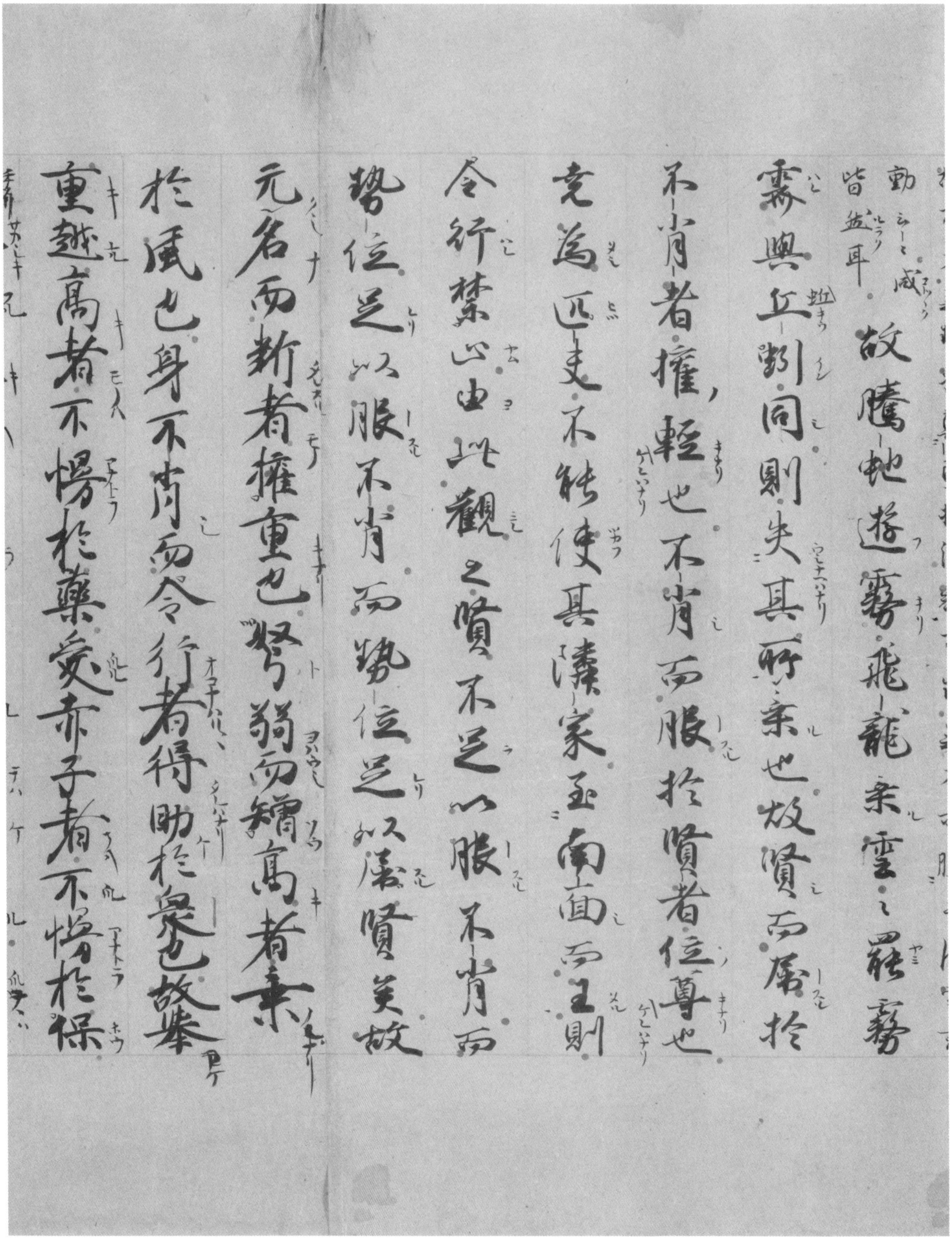

動成皆並耳故騰虵遊霧飛龍乗雲〻罷霧霽與蚯蚓同則失其所乗也故賢而屈於不肖者權軽也不肖而服於賢者位尊也堯爲匹夫不能使其隣家至南面而王則令行禁止由此觀之賢不足以服不肖而勢位足以服不肖而勢位足以屈賢矣故无名而斷者權重也弩弱而矰高者乗於風也身不肖而令行者得助於衆也故舉重越高者不慢於藥愛赤子者不慢於保

重越高者不慢於藥愛赤子者不慢於保
絶險歷遠者不慢於御此得助則成釋助
則廢矣夫三王五伯之德參於天地通於
鬼神周於生物者其得助博也古者工不
兼事士不兼官工不兼事則事〻省〻則
易勝士不兼官則職〻寡〻則易守故士
位可世工事可常古之官物皆用其一能以成其一事是以用无棄人使无棄才
若乃任使於過分之中役物於異便之地則上下顛倒事能淆亂矣百工之子不學
而能者非生巧也言有其常事也今也國

【第十一紙】

而能者非生巧也言有其常事也今也國
無常道官無常法是以國家日繆教雖成
官〻不〻足〻則道〻理〻遺〻則慕〻賢
〻智〻則國家之政要在一人之心矣人之
情也莫不自賢則不相推政要在一人從一人之所欲不必善則政教陵遲矣古者立天
子而貴之者非以利一人也曰天下無一
貴理元由通〻理以為天下也故立天子
以為天下也非立天下以為天子也立國
君以為國也非立國以為君也立官長以為官也非

君以為國也非立國以為君也立官長以為官也非
立官以為長也法雖不善猶愈於無法所以一人心
也夫投鈎分財投策分馬非鈎策為均也
使得美者不知所以賜得惡者不知所以惡此所以
塞怨望使不之上也明君動事必由慧定
罪分賤必由法行德制中必由禮
故欲不得干時愛不得犯法
貴不得踰親祿不得踰位士不得兼官工
不得兼事以能受事以事受利若是者上

不得兼事以祿受事以事受利若是者上
無羨賞民無羨財 羨猶溢也
因循 天道因則大 因百姓之情遂自然之性則其功至高其道至大也
化則細 化使從我物所樂其理禍使其意細小也 因也者因人之情
也人莫不自為也化而使之為我則莫可
得而用矣 違性矯情剋從就我則衆人廢而違莫有從之者矣
是故先王不受祿者不臣祿不厚者不與
入難人不得其所以自為也則上不取用
焉 夫君上取用不須天機之動性分之適然從上下來奉經世可久耳故設使自為則無不得仕而使之則

【第十二紙】

焉夫君上取用無須天下樓之動性分之適然後上下交泰經世可久耳故教使自為則無不得任而使之則

故用人之自為不用人之為我則莫不可得而用矣此之謂因

民雜

民雜處而各有所能所能者不同此民之情也故聖人不求備於一人也大君者太上也兼畜下者也下之所能不同而皆上之用也是以大君因民之能為資盡苞而畜之无去取焉夫人君之蒞世也皆無盡百姓之能兼羅萬物之分同其長短就而用之使能文者為文能武者為武聾者使其視盲者使其聽故理有盡用物无棄財是故不設一方以求於人故所求者

者為哉聽者使其視聞者使其聽故理有盡用物无棄財是故不設一方以求者於人故所求
无不足也大君不擇其下故足也不擇
其下則易為下矣易為下則下莫不容莫
不容故多〻下〻之謂大上其下既多故在上者大
君臣之道臣事〻言事其所事而君无事百官之屬
各有所司君逸樂而臣任勞臣盡智力以善其
事而君無與焉仰成而已故事无不治人
君自任而務為善則是代下負任蒙勞也
臣反逸矣故曰君人者好為善以先下則

【第十三紙】

臣反逆矣故曰君人者好為善以先下則
不敢與爭為善以先君矣 君好見其善則羣 下皆滛善於君矣上
以一方之善而詭於衆一方之中求其為贍備 已多矣君備既多而自輸其善則天下亂矣 皆
私其所知以自覆掩有過則臣反責君反
責君逆亂之道 夫所以置三公而列百官者將使 群臣各進所知以康庶績耳若乃
君顯其善而臣藏其能百事從君而出衆 端自上而下則臣善不用而歸惡有在矣 君之智
未必最賢於衆也以未最賢而欲以善盡
被下則不贍矣 假使其賢猶不可推一己之 智以察羣下而況不賢最 者
使君之智最賢以一君而盡贍下則勞〻

使君之智最賢以一君而盡贍下則勞〻
則有倦〻則衰〻則復反於不贍之道也
是以人君自任而躬事則臣不事〻矣言君事
之専為其事則臣下不復以事為事矣
是君臣易位也謂之倒逆
倒逆則亂矣人君任臣而勿自躬則臣事
〻矣是君臣之順治亂之分不可不察所謂
任人者逸自任者勞也
知忠　亂世之中亡國之臣非獨無忠
臣也治國之中顯君之臣非獨能盡忠也

臣也治國之中顯君之臣非獨能盡忠也
治國之人忠不偏於其君亂世之人道不
不偏於其臣然而治亂之世同有忠道之
人臣之欲忠者不絕世而君未得寧其上
也夫臧云之國皆有忠臣耳然賢君千載一會忠臣世々有之值其一隂之時則相與而交興矣遇其闇亂之主則相與而俱已矣
無遇比干子胥之忠而毀
瘁主君於闇墨之中遂染溺滅名而死由是
觀之忠未足以救亂世而適足以重非何
以識其然也曰父有良子而舜放瞽叟桀

【第十四紙】

以識其然也曰父有良子而舜放瞽叟桀
有忠臣而過為天下然則孝子不生慈父
之義 六親不和有孝慈也 而忠臣不生聖君之下 國家昏亂有貞臣也
故明主之使其臣也忠不得過職而職不
得過官是以過脩於身而下不敢以善驕
偷 吐侯反苟也
矜守職之吏人務其治而莫敢淫偷其事 吏人務其治而莫敢淫偷其事官正以
官正以敬其業和順以事其上如此則至
治已 此五帝三王之業也 亡國之君非一人之罪也 悪衆則不足
以亡其 國之也 治國之君非一人之力也 善不多則不足以興治也

以亡其國之也治國之君非一人之力也善不多則不足以與治也將治亂在乎賢使任職而不在於忠也故智盈天下澤及其君忠盈天下害及其國故桀之所以亡堯不能以為存然而堯有不勝之善言其善道不可勝言也而桀有運非之名天下之惡皆歸之也則得人與失人也故廊廟之材蓋非一木之枝也狐白之裘蓋非一狐之皮也治亂安危存亡榮辱之施非一人之力也

德立天子者不使諸侯疑焉立諸侯者

【第十五紙】

悳立天子者不使諸侯疑焉立諸侯者
不使大夫疑焉立正妻者不使嬖妾疑焉
立嫡子者不使庶孼疑焉疑則動兩則爭
雜則相傷害在有與不在獨也故臣有兩
位者國必亂臣兩位而國不亂者君猶在
也恃君而不亂失君必亂子兩位者家必
亂子有兩位而家不亂者親猶在也恃親
而不亂失親必亂臣疑其君無不危之國
孼妾疑其宗无不危之家

孽疑其宗无不危之家

君人　君人者舍法而以身治則誅賞奪與從君心出矣然則受賞者雖當望多無窮受罰者雖當望輕無已民之所信者法也舍在賞者欲多在罰者欲少无法以限之則不知所猒矣雖極聡明以窮輕重盡心以稱奪與夫何能於理哉君舍法而以心裁輕重則是同功而殊罰也怨之所由生也是以分馬者之用策分田者之用鈎也非以鈎策爲過人智也所以去私塞怨也故曰大君任法而弗躬爲則事斷於法

也故曰大君任法而弗躬爲則事斷於法

矣法之所加各以其分蒙其賞罰而無望

於君也是以怨不生而上下和矣

君臣 爲人君者不多聽物有本事有原據法倚

數以觀得失无法之言不聽於耳無法之

勞不圖於功無勞之親不任於官官不私

親法不遺愛上下無事唯法所在法令者生民之命至

治之命天下之程式萬事之儀表智者不得過愚者不得不及焉

尹文子齊宣王時有尹文子著書

【第十六紙】

尹文子

大道

古人以度審長短以量受少多以衡平輕重以律均清濁以名稽虛實以法定治亂以簡制煩惑以易御險難萬事皆歸於一百度准於法歸一者簡之至准法者易之極如此則頑嚚聾瞽可與察慧聰明同治矣天下萬事不可備能責其備能於一人則賢聖其猶病諸設一人能備能天下之事則左右前後之宜遠近遲疾之閒必有不兼

左右前後之宜遠近遲疾之閒必有不兼
者焉苟有不兼於治闕矣全治而無闕者
大小多少各當其分農商工仕不易其業
則處上者何事哉有理而無益於治者君
子不言有能而無益於事者君子弗為君
子非樂有言有益於治不得不言君子非
樂有為有益於事不得不為故所言者不
出於名法權術所為者不出於農稼軍陣
周務而已故明主任之治外之理小人之

【第十七紙】

同務而已故明主任之治外之理小人之
所必言事外之能小人之所必為小人亦
知言有損於治而不能不言小人亦知能
有損於治而不能不為故所言者極於儒
墨是非之所辯為者極於堅偽偏抗之行
求名而已故明主誅之故古語曰不知無
害為君子知之無損為小人工匠不能無
害於巧君子不知無害於治此言信矣為
善使人不能得從為巧使人不能得為此

善使人不能得從爲巧使人不能得爲此
獨善獨巧者也未盡巧善之理爲善与衆
行之爲巧与衆能之此善之善者巧之巧
者故所貴聖人之治不貴其獨治貴能與
衆共治也所貴工倕之巧不貴其獨巧貴
切貴其與衆共巧也今世之行欲獨賢事
欲獨能辯欲出群勇欲絕衆獨行之賢不
足以成化獨能之事不足以周務出群之
辯不可爲戶說絕衆之勇不可與正陣凡

雖不可為戸説絶衆之勇不可與正陣凡
此四者乱之所由生是以聖人任道以通
其險立法以理其差使賢愚不相棄能
鄙不相貴則能鄙齊功賢愚不相棄則賢
愚等慮此至治之術也名定則物不競分明
則私不行物不競非無心由名定故無所
厝其心私不行非無欲由分明故無所厝
其欲然則心欲人人有之而得同於無心
無欲者制之有道也彭蒙曰雉兔在野衆

【第十八紙】

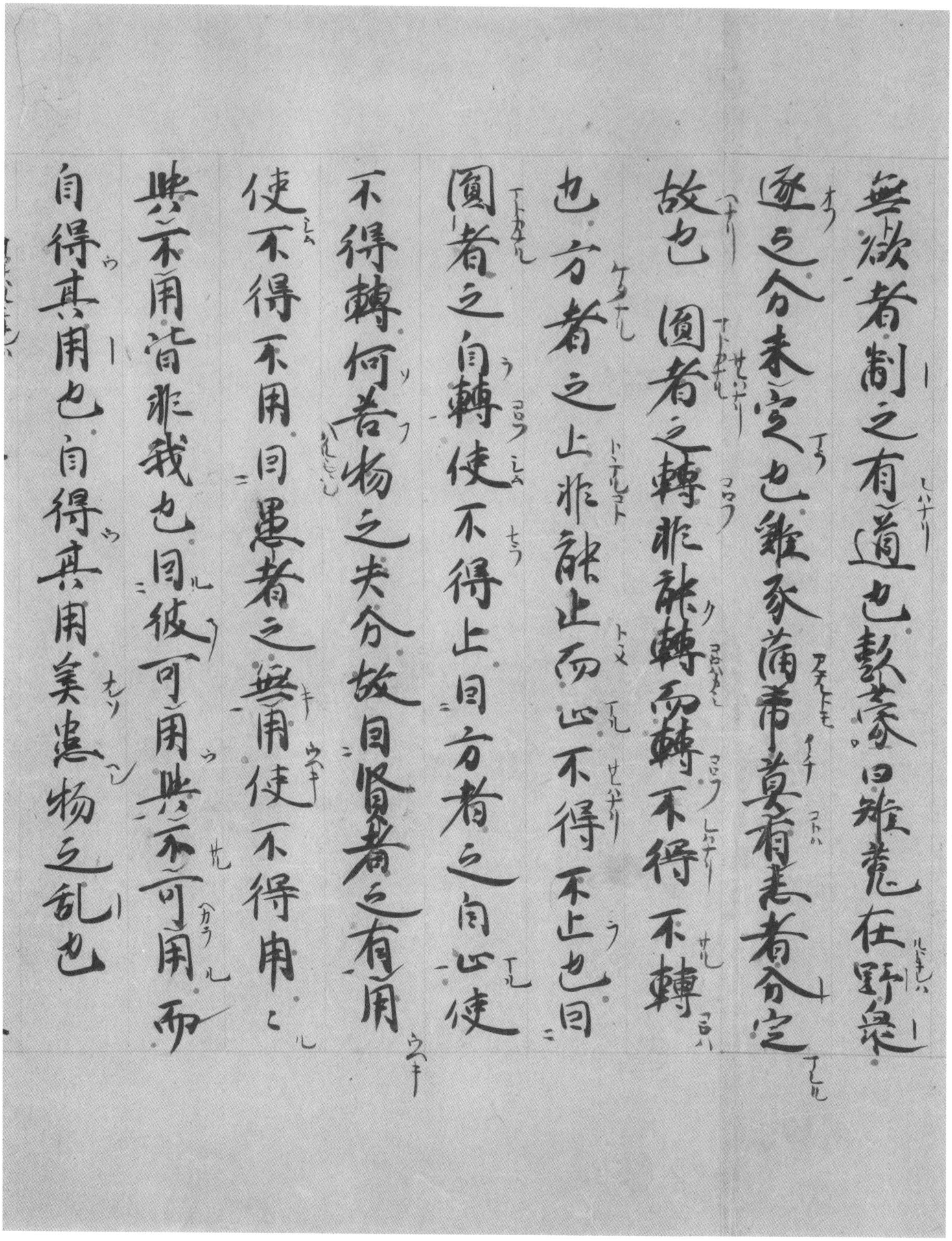
無欲者制之有道也彭蒙曰雉兎在野衆
逐之分未定也雞豕滿市莫有志者分定
故也 圓者之轉非能轉而轉不得不轉
也方者之止非能止而止不得不止也因
圓者之自轉使不得止因方者之自止使
不得轉何苦物之失分故因賢者之有用
使不得不用因愚者之無用使不得用之
與不用皆非我也因彼可用與不可用而
自得其用也自得其用奚患物之亂也

忮　支義反　很也懻忮　害心又不媚　勁很又作伎

自得其用也自得其用奚患物之亂也
道行於世則貧賤者不怨富貴者不驕愚
弱者不懾智勇者不陵定於分也法行於世
則貧賤者不敢怨富〻貴〻者不敢陵貧
賤愚弱者不敢冀智勇智勇者不敢鄙愚
弱此法之不及道也世之所貴同而貴之
謂之俗世之所用同而用之謂之物苟違
於人俗所不與苟忮於衆俗所共去故人
心皆殊而為行若一所好各異而資用必

【第十九紙】

很也懮伎 害心又不媢 動很又作 伎

心皆殊而為行若一所好各異而資用必
同此俗所齊物之所飾故所齊不可不慎
所飾不可不擇者齊植好惡若合境不謬焉
異俗楚莊愛細要一國皆有飢色上之所
率下乃治亂之所由也國亂有三事乎飢
民散無食以聚之則亂治國無法則亂有
法而不能用則亂有食以聚民有法而能
行國不治未之有也

大道

聖人仁義禮樂名法刑賞凡此八者五

大道

聖人　仁義禮樂名法刑賞凡此八者五
帝三王治世之術故仁以導之義以宜之
礼以行之樂以和之名以正之法以齊之
刑以威之賞以勸之故仁者所以博施於
物亦所以生偏私義者所以立節行亦所
以成華偽礼者所以行謹敬亦所以生惰
慢樂者所以和情志亦所以生淫放名者
所以正尊卑亦所以生矜篡法者所以齊
衆異亦所以乖分刑者所以威不服亦

衆異亦所以生亦分刑者所以威不服亦
所以生陵暴賞者所以勸忠能亦所以生
鄙爭凡此八術無隱於人而常存於世
顯於堯湯之時非故逃於桀紂之朝用得
其道則天下治用失其道則天下亂過此
而往雖彌綸天地纏絡萬品治道之外非羣
生所餐挹聖人措而不言也
凡國之將存亡有六徵有衰國有亂國有
亡國有昌國有強國有治國所謂亂亡之

【第二十紙】

亡國有昌國有強國有治國所謂亂亡之
國者凶虐殘暴不與焉所謂強治之國者
威力仁義不與焉衰國者君年長多妾媵
少子孫疏宗強衰國也君寵臣臣愛君公
法廢私欲行亂國也國貧小家富大君權
輕臣勢重亡國也凡此三徵不待凶虐殘
暴而後弱也雖曰見存吾必謂之亡者也
昌國者內無專寵外無近習支庶繁息長
幼不亂昌國也農桑以時倉廩充實兵甲

紛不亂昌國也農桑以時倉廩充實兵甲
勁利封疆脩理強國也上不能勝其下下
不能犯其上上下不相勝犯故禁令行人
人無私雖經險易而國不可侵治國也凡
此三歲不待威力仁義而後強曰見弱吾
爲謂之存者也語曰俟辯可以禁鬼神
探人之心度人之欲順人於嗜好而弗敢
逆納於人邪惡而求利人善聞己之義也
善能揚之惡聞己之過也而善能飾之得

【第二十一紙】

善能揚之惡聞己之過也而善能飾之得
之於眉睫之間承之於言行之先世俗之
人聞譽則悅聞毀則戚此衆人之大情有
同己則喜異己則怒此人之大情故佞人
善為譽者也善順從者也人言是亦是之
人言非亦非之從人之所愛隨人之所憎
故明君雖能納正直未必親正直雖能遠
佞人未必能踈佞人故舜禹者以能不用
佞人亦未必佞人語曰佞辯惑物舜禹不

佞人亦未必佞人語曰佞辯惑物舜尚不
能得情不可不察乎
老子曰民不畏死如之何其以死懼之也
凡人之不死由刑罰過刑罰過則民不頼
其生々無所頼視君之於未如也刑罰中
則民畏死由生之可樂故可以死懼矣此
人君之所宜執臣下之所宜懼之
田子曰人皆自為而不能為人故君人者
之使人使其自為用而不使為我用貌下

之使人使其自為用而不使為我用稷下先生曰善哉田子之言古者君之使臣求不私愛於己求顯忠於己居官者必能臨陳者必勇祿賞之所勸名法之所齊不出於己心不利於己身語曰祿薄者不可與經亂賞輕者不可與入難此處上者所宜慎者也父之於子也令有必行者有不必行者去貴妻賣愛妾此令必行者也曰汝無敢恨汝無敢思令必不行者也故為

【第二十二紙】

汝無敢恨汝無敢思令必不行者也故為
人上者必慎所令為人貪則怨人冨則驕
人怨人者苦人之不祿施於己也起於情
所難安而不赦安猶可恕也驕人者無所
苦而無故驕人此情所易實而難遺不可
恕矣貧賤之望冨貴微甚而冨貴不能酬
其甚微之望夫冨者之所遺貧者之所美
貴者之所輕賤者之所榮然而弗酬弗共
同苦故也雖不酬之於我弗傷今萬民之

同苦樂故也雖不爾之於我弗傷今萬民之望人君亦如貧賤者之望富貴其所望者蓋欲料長幼平賦斂時其飢寒省其疾痛賞罰不濫使役以時如此而已則於人君弗損也然而弗爾弗與同勞逸焉故也故為人君不可不與人同勞逸焉故富貴者可不爾貧賤而人君不可以不爾萬民則萬民之所不願戴所不願戴君位替矣危莫甚焉禍莫大焉

【第二十三紙】

爲禍莫大焉

莊子　胠篋

昔者容成氏大庭氏伯皇氏中央氏栗陸氏驪畜氏軒轅氏赫胥氏尊盧氏祝融氏伏戲氏神農氏當是之時民結繩而用之甘其食美其服適常甘當故常美若思夫侈靡則无時慊矣樂其俗安其居隣國相望雞犬之音相聞人至老死而不相往來无求之至若此之時則至治已今遂至使民延頸舉踵曰某所有賢者

已今遂至使民延頸舉踵曰某所有賢者贏糧而趣之則內棄其親而外棄其主之事足迹接乎諸侯之境車軌結乎千里之外至治之迹猶致其弊則是上之好智之過也在上者謂至治之君好智而好之則有斯過矣上誠好智而无道天下大亂矣何以知其然邪夫弓弩畢弋機變之智多則鳥亂於上鉤餌罔罟罾笱之智多則魚亂於水矣削格羅落罝罘之智多則獸亂於澤矣攻之愈密避之愈巧雖禽獸猶不可圖之以智而況人哉故治天下者唯不任〻知〻則无妙也

澤矣（政之適寛之適巧雖兼歟備不可留之以智而況人哉故治天下者唯不任々知々則元妙也）

智詐同異之變多則俗惑於辯矣（上之所多者下不詠）

（委其步也性步而以逐多則迷矣）

天地　堯觀乎華々封々人曰嘻聖人

請祝聖人使聖人壽堯曰辭使聖人富堯

曰辭使聖人多男子堯曰辭封人曰辭封

以嚋富多男子之人所欲汝獨不用何

也堯曰多男子則多懼富則多事壽則多

辱是三者皆非所以養德故辭封人曰始也

【第二十四紙】

辱是三者皆非所以養德故辭封人曰始也
我以汝為聖人也今然君子也天生萬民
必授之職多男子而授之職則何懼之
有物皆得所而志定富而使人分之則何事之有寄之
天下故無事也聖人鶉居元事而期安也而鷇食仰物而足鳥行而
無章率性而動無常迹也天下有道則與物皆昌天下無
道則脩德就閒雖湯武之事苟順天應人未為不閒故元為而元不為者非不閒也
千歲厭世去而上僊夫至人極壽命之長任窮理之變其生也天行其死也物
化故以化厭世而上僊乘彼白雲至于帝鄉氣之散無不之三患莫

【第二十四紙】

404

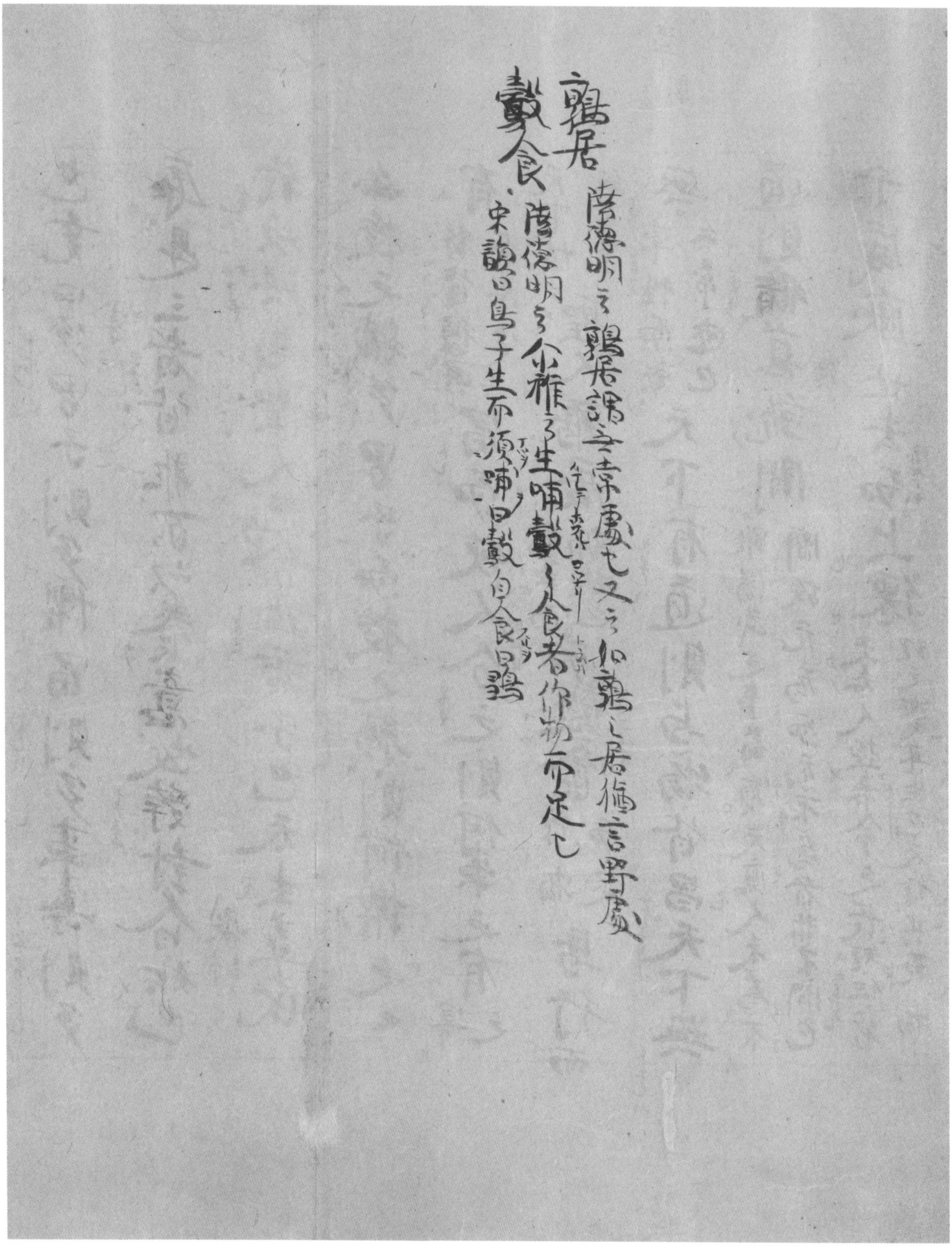
鶉居　陸德明云鶉居謂无常處也又云如鶉之居猶言野處
鷇食　陸德明云小雛之生哺鷇之食者仰物而足也
宋韻曰鳥子生而須哺曰鷇自食曰鶵

化故化之厭世而上僊　乘彼白雲至于帝鄉（氣之散無不之）三患莫
至身常无殃則何辱之有　堯治天下伯成
子高立為諸侯　堯授舜舜授禹伯成子高
辭為諸侯而耕　禹往見之則耕在野禹趨就
下風而問焉曰　昔堯治天下吾子立為諸
侯　堯授舜舜授禹而吾子辭為諸侯而耕
敢問其故何也　子高曰　昔堯治天下不賞
而民勸不罰而民畏今子賞罰而民且不
仁　德自此衰刑自此立後世之亂自此始

【第二十五紙】

仁德自此衰刑自此立後世之乱自此始

矣

勘本云此文在天道篇非天運篇目天運云〻天運者天道之次也元此文

天運夫帝王之德以天地為宗以道德為

主以無為〻常無為也則用天下而有餘

有餘者閑暇之謂也 有為也則為天下用而不足 不足者汲〻也

欲為物用者也欲物為用故可得而臣也 故古之人貴夫无為也 上無為也

亦無為也是下與上同德也下與上同德

則不臣下有為也上亦有為也是上與下

同道也上與下同道則不主 夫工人無為於刻木而有為於用

同道也上與下同道則不主 夫工人無為於刻木而有為於用
斧主上無為於親事而有為於用臣臣能親事主能
用斧能臣斧能刻木而工能用斧各當其能則
天理自然非有為也若乃主代臣事則非主矣臣秉
主用則非臣也故各司其任則上下咸得而無為
之理至矣 上必無為而用天下下必有為
天下用此不易之道故古之王天下者智
雖落天地不自慮也辯雖彫萬物不自
說也能雖窮海內不自為也 夫在上者患於不能無為也而代
人臣之所司使咎繇不得行其明斷后稷不得施其播
殖則羣才失其任而主上困於役矣冕旒垂目而付之
天下天下皆得其自為斯乃無為而無不為者也故上
下皆無為矣但上之無為則用下下之無為則自用矣 天
產而萬物化地不長而萬物育 所謂

天下之皆得其為斯乃無為而无不為者也故上下皆无為矣但上之无為則用下下之為則自用矣天
不產而萬物化地不長而萬物育所謂自尒帝
王無為而天下功成功自彼成故曰莫神於天莫
富於地莫大於帝王故曰帝王之德配天
地同乎天地之無為也此乘天地馳万物而用人群之
道也本在於上末在於下要在主詳在於
臣三軍五兵之運德之末也賞罰利害五
刑之辟教之末也礼法數度刑名比詳治
之末也鍾鼓之音羽旄之容樂之末也哭

【第二十六紙】

之末也鐘鼓之音羽旄之容樂之末也哭泣衰絰降殺之服哀之末也此五末者須精神之運心術之動然後從者也夫精神心術者五末之本也任自然運動則五事之末振而自舉也末學古之人有之而非所以先也所先者本也君先而臣從長先而少從男先而女從夫尊卑先後天地之行也故聖人取象焉言此先後雖是人事皆在至理中來非聖人之所作也天尊地卑神明之位也春夏先秋冬四時之序也萬物化作盛衰之殺變化之流也夫

序也萬物化作盛衰之殺變化之流也夫
天地至神也而有尊卑先後之序而況人道
乎（明丈尊卑先後之序固有物之所不能无也）宗廟尚親朝廷尚
尊鄉黨尚齒行事尚賢大道之序也（言非但人倫之所尚也）
愚智處宜貴賤履位（官各當其才也）必分其
能（元相易業）必由其名（名當其實故由名而實不濫也）以此事上
以此畜下以此治物以此脩身智謀不用
必歸其天此之謂太平治之至也禮法數
度刑名比詳古之人有之此下之所以事

【第二十七紙】

慶刑名比詳古之人有之此下之所以事
上非上之所以畜下也 此事於群下斯 乃畜下者之也 昔
者舜問於堯曰天王之用心何如堯曰吾
不敖无告 无告者所謂頑民也 不廢窮民 恩也 苦死
者嘉孺子而哀婦人此吾所以用心已舜曰美
則美矣而未大也堯曰然則何如舜曰天
德而出寧 与天合德則雖出而静也 日月照而四時行若晝
夜之有經雲行而雨施矣 此皆不爲而自然者也 堯曰子
天之合也我人之合也夫天地者古之所

天之合也我人之合也夫天地者古之所大也而黃帝堯舜之所共美也故古之王天下者奚爲哉天地而已矣

智北遊

聖人行不言之教任其自行斯不言之教也

道不可致也道在自然非可言致也失道而後德失德而後仁失仁而後義失義而後禮禮者道之華亂之首也禮有常則故矯效之所由生也故曰爲道者日損損華僞也損之又損之以至於無爲無爲而無不爲也華去而朴全則雖爲而非爲也天地有大美而不言四

為也　華去而朴全則雖為而非為也　天地有大美而不言

四時有明法而不議萬物有成理而不說　此孔

子之所云予欲無言　聖人無為　任其自為而已　大聖不作　唯因任也

觀於天地之謂也　觀其形容象其物宜与天地無異者

徐無鬼

黃帝將見大隗之具茨之山方明為御昌

寓驂乘張若謵朋前馬昆閽滑稽後車至

襄城之野七聖皆迷無所問塗適遇牧馬

童子問塗焉曰若知具茨之山乎曰然曰

【第二十八紙】

童子問塗焉曰若知具茨之山乎曰然曰
知大隗之所存乎曰然黄帝曰異哉小童
非徒知具茨之山又知大隗之所在請問
為天下小童曰夫為天下者亦何以異乎
牧馬者哉亦去其害馬者而已矣馬既過分為害黄
帝再拜稽首稱天師而退

尉繚子

天官　梁惠王問尉繚曰吾聞黄帝有
刑德可以百戰百勝其有之乎尉繚曰不

刑德可以百戰百勝其有之乎尉繚曰不
然黃帝所謂刑德者以刑伐之以德守之
非世之所謂刑德也世之所謂刑德者天
官時日陰陽背向者也黃帝者人事而已
矣何以言之今有城於此從其東西攻之

【第二十九紙】

不能取從其南北攻之不能取此四者豈不
得順時乘利者哉然不能取者何城高
池深兵戰備具謀而守之也若乃城下池

【第三十紙】

淺守弱可取也猶是觀之天官時日不若

【第三十紙】

淺弱可取也猶是觀之天官時日不若
人事也故刑悳天官之陳曰背水陳者爲
絶紀向阪陳者爲廢軍武王之伐紂也背
清水向山之阪以萬二千人擊紂之億有
八万人斷紂頭懸之白旗紂豈不得天官
之陳哉然不得勝者何人事不得也黃帝
曰先稽己智者謂之天子以是觀之人事
而已矣

【第三十一紙】

兵談　王者民望之如父母歸之如父

兵談　王者民望之如〔日月〕父母歸之如父
母歸之如流水故曰明乎禁舍開塞其取
天下若化故曰國貧者能富之地不任〔任者〕之
四時不應者能應之〔故夫土〕廣而任則其國不得
無富民衆而制則其國不得無治且富治
之國兵不發刃甲不出暴而威服天下矣
故曰兵勝於朝廷勝於喪絶勝於土功勝
於市井暴甲而勝將勝也戰而勝臣勝也
戰再勝當一敗十萬之師出費日千金故

戰無勝當一敗十萬之師出費日千金故
百戰百勝非善之善者也不戰而勝善之
善者也
戰威　令所以一衆心也不審所出則
數變數變則令雖出衆不信也出令之出
雖有小過毋更小疑毋申事所以待衆力
也不審所動則數變數變則事雖起衆不
安也動事之法雖有小過毋更小難毋戚
故上無疑令則衆不二聽動無疑事則衆

【第三十二紙】

故上無疑令則衆不二聽動無疑事則衆
不二志古率民者未有不能得其心而能
得其心而能得力者也未有不能得其力
而能致其死者也故國必有禮信親愛之
義而後民以飢易飽國必有孝慈廉恥
之俗而後民以死易生故古率民者先禮
信而後爵祿先廉恥而後刑罰先親愛而
後刑罰先親愛而後誅其身為民死其上
如其親而後申之以制古為戰者必本氣

如其親而後申之以制古爲戰者必本氣
以厲志厲志以使四枝四枝以使五兵故
志不厲則士不死節士不死節雖衆不
武厲士之道民之所以生不可不厚也爵列
之等死喪之礼民之所榮也不可不顯也
必因民之所生以制之因其所榮以顯之
因其所歸以固之因祿之實飲食之糧
親戚同鄉之里通勸死喪相救丘墓相從民
之所以歸不可不速也如此故什伍如親

【第三十三紙】

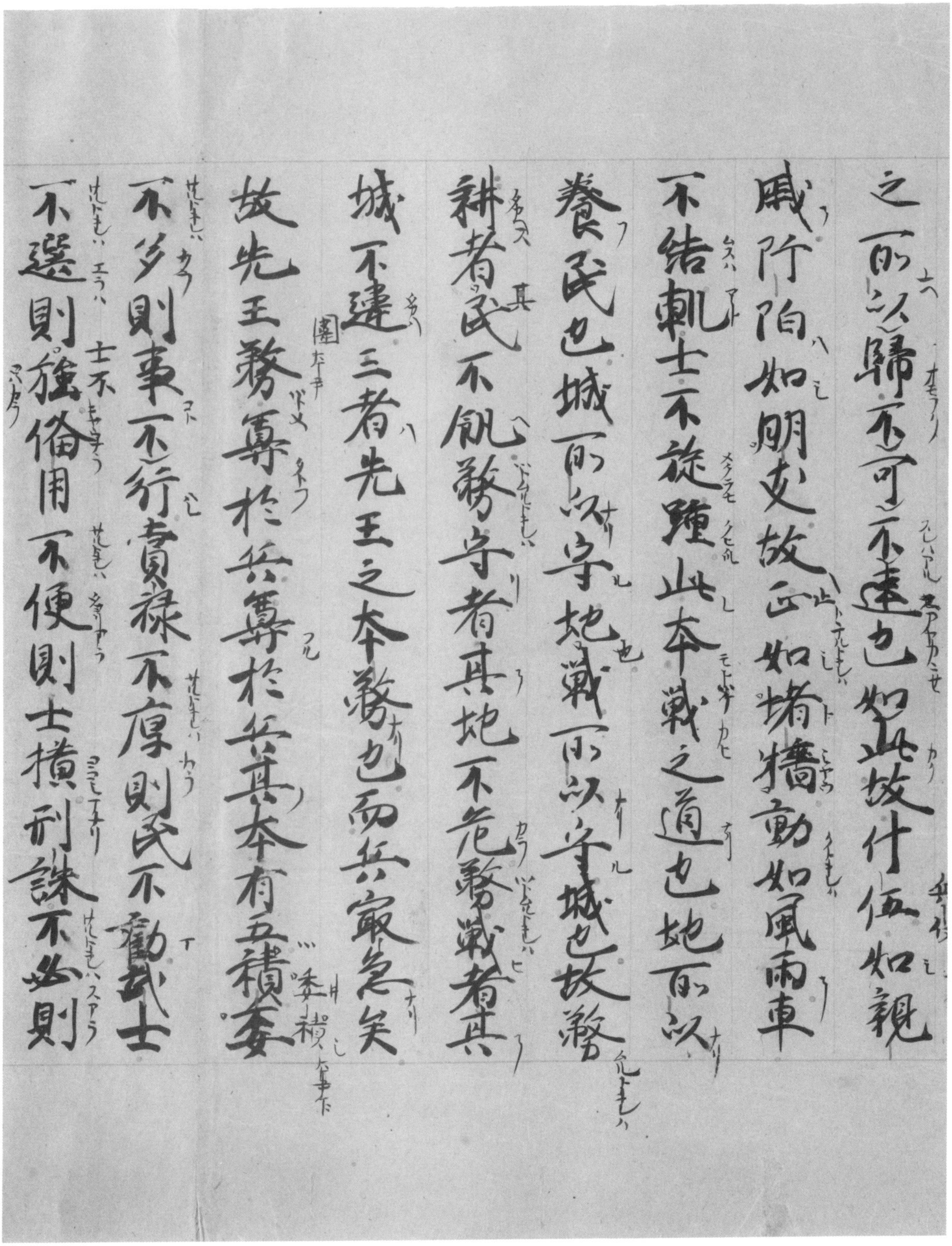

之所以歸、不可不速也。如此故什伍如親
戚、阡陌如朋友。故止如堵牆、動如風雨、車
不結轍、士不旋踵、此本戰之道也。地所以
養民也、城所以守地也、戰所以守城也。故務
耕者民不飢、務守者其地不危、務戰者其
城不違。三者先王之本務也、而兵最急矣。
故先王務尊於兵、尊於兵其本有五、積委
不多則事不行、賞祿不厚則民不勸、武士
不選則獷、備用不便則士橫、刑誅不必則

不選則獵偷用不便則士擯刑誅不必則
士不畏先王務此五者故靜能守其所有
動能成其所欲王國富民霸國富士僅存
之國富丈夫亡國食府是謂上溢而下拔
患無所付故曰舉賢用能不時日而事利
明法審令不卜筮而事吉貴政養勞不禱
祠而得福故曰天時不如地〻利〻不如
人事聖人所貴人事而已矣勤勞之事將
必從己先故暑不立蓋寒不重裘有登降

【第三十四紙】

必從己先故暑不立蓋寒不重衣有登降之險將必下步軍井通而後飲軍食熟而後食壘成而後舍軍不畢食亦不火食飢飽勞逸寒暑必身度之如此則師雖久不老雖老不弊故無損卒將無惰志

兵令

兵者凶器也戰者逆德也爭者事之末也王者所以伐暴亂而定仁義也戰國所以立威侵敵也弱國所以不能廢兵者以武

【第三十四紙】

立威侵敵也弱國所以不能廢兵者以武
爲植以文爲種以武爲表以文爲裏以武

【第三十五紙】

爲外以文爲内能審此三者知所以勝敗
矣武者所以淩敵分死生也文者所以視
利害觀安危武者所以犯敵也文者所以
守之也兵用文武也如響應聲也如影之
隨身將有威則生無威則死有威則勝無
威則敗卒有將則鬪無將則北有將則死
無將則辱威者賞罰之謂也卒畏將於敵

無將則辱威者賞罰之謂也卒畏將於敵
者戰勝卒畏敵於將者戰北夫戰而知所
以勝敗者固稱將於敵也敵之與將也猶
權衡之也將之於卒也非有父母之惻[illegible]
庸之屬六親之私然而見敵走之如歸前
雖有千刃之谿不測之淵入湯火如蹈者
前見全明之賞後見必死之刑也將之誅罰
士卒其在軍營之内行陳之間明慶賞嚴
刑罰陳斧鉞飾章旗有功必賞犯令必死

【第三十六紙】

刑罰訓陳斧鉞飾章旗有功必賞犯令必死
及至兩敵相至行陳薄近將提枹而鼓之
存亡生存死枹之端矣雖有天下善者不
能圖大鼓之後矣

枹 縛謀反鼓錘也又百交反

群書治要卷第卅七

為進上本所勘文字悉注之訖申也
蓮華王院寶藏御本加點了

蓮華王院寶藏御本加交點了

依越州使君尊閤教命而已

直講清原（花押）

證本奧書云

長寛二年五月十五日

正五位下行大内記藤原朝臣敦周點進